KB075218

탁월한 성과를 불러오는 세일즈의 위대한 원천

세일즈 자존감

탁월한 성과를 불러오는 세일즈의 위대한 원천

세일즈 자존감

강정범 지음

무너진 자존감을 세워주는 세일즈 멘탈 코칭!

하이테북스
today

추천사

자존감이 당신을 성공으로 이끈다

'충천판매사업부 홍성지사 영업 사원 임규남'

대학교를 졸업하고 지방에서 첫 직장 생활을 시작하면서 난생처음 갖게 된 명함에는 이렇게 적혀 있었다. 신입 사원 연수를 마치고 인사부에서 근무 희망 부서에 대한 면담이 있던 날, 나는 회사의 인사 담당자에게 '제1지망: 홍보부, 제2지망: 수출부, 제3지망: 총무부'라는 의사를 분명히 밝혔다. 홍보나 수출, 또는 총무 업무와 관련한 지식이나 경험이 있어서가 결코 아니었다. 어떻게든 영업과 관련한 업무는 일단 피하고 싶은 속셈이었다. 그 이유는 바로 재학생 시절에 경험했던 두 번의 영업직 아르바이트가 모두 실패로 끝났기 때문이었다. 따라서 지방에서 가전제품을 판매하고 수금하는 영업 사원의 직무를 수행하던 신입 시절 첫 1년 동안의 나는 인생의 낙오자 그 이상도 이하도 아니었다.

영업 사원 2년 차에 접어들어 각고의 노력 끝에 최우수 영업 사원이 되었고, 3년 차에는 본사의 판매기획부에서 근무하게 되었으며, 90년대 외환 위기의 여파로 회사가 문을 닫을 지경에 처했을 때는 외국계

기업으로 이직해 매니저가 되었다. 지난 사반세기 동안 내가 북미와 중동, 그리고 유럽 등 세계를 무대로 비즈니스를 수행하는 과정에서 영업과 관련해 깨달은 것이 하나 있다. 그것은 바로 '영업은 무에서 유를 창조하는 종합예술'이라는 것이다. 무엇보다 영업은 나를 먼저 변화시킬 수 있는 계기를 마련해 주고, 상품과 서비스를 전달하는 과정에서 고객과 환경을 변화시킬 수 있는 역량을 갖추게 해주며, 그 과정을 통해 인생에서 새롭고 가치 있는 뭔가를 만들어 낼 수 있는 힘이 있다는 것을 알게 해주었다.

내가 만약 이 책을 신입 사원 시절에 읽었더라면, 그 당시와는 비교도 되지 않을 영업 실적을 기록했을 것이다. 내가 만약 매니저가 되던 해에 자기존중감에 대한 개념을 제대로 이해할 수 있었더라면 담당했던 부서를 최고의 수준으로 올려놓았을 것이다. 내가 만약 외국계 기업의 사장으로 재직하던 시절, 직원들에게 자기효능감과 자기호감이 업무에 어떤 영향을 미치는지에 대해 체계적으로 가르칠 수 있었다면 그때 나의 위치와 영향력은 크게 달라졌을 것이다.

영업 사원뿐만 아니라 동시대를 살아가는 모든 직장인에게 내가 이책의 일독을 권하는 이유는 매우 단순하다. 자존감에 대한 깊이 있는 이해가 평범한 직장인을 성공의 길로 안내해 주는 이정표 역할을 해줄 것이라고 기대하기 때문이다. 현재 영업 관련 업무를 수행하는 독자라면 3장 '자기존중과 영업' 부분을 숙독하기 바라며, 자존감의 긍정적인 변화를 통해 성공적인 직장 생활을 꿈꾸는 독자라면 6장에서 제시하는 가이드를 따라 3주간의 시간을 투자해 보기 바란다. 그렇게 하면 자신도 모르는 사이에 성공적인 변화를 경험하게 될 것이다.

경희대학교 테크노경영대학원 교수, 前 제스프리 코리아 CEO **임규남**

영업 성과는 자존감에 달려 있다

"도저히 길이 보이지 않습니다."

슬럼프라는 암울한 터널을 지나는 영업인을 만나면 곧잘 듣는 말이다. 힘들어하는 이들을 보면 뭔가 묘책이라도 알려 주고 싶지만 쉽지 않다. 들어 보면 모두 그럴 만한 사정이 있다. 사정의 원인은 백이면 백모두 다르다.

이 슬럼프라는 것이 가장 어려운 문제다. 신입 영업인이라면 좀 더기본에 충실해 보라고 말해 주겠지만, 경력이 있는 영업인의 슬럼프는실마리조차 보이지 않는 경우가 많다. 이 책의 문제의식은 바로 슬럼프라는 난제에서 시작했다.

요즘 같은 세상에 다양한 관점에서 영업 비결을 담은 책들은 이미 차고 넘친다. 그 책들은 대개 영업 고수들이 자신이 겪은 숱한 실패와 고난을 어떻게 극복했는지 이야기하고 있다. 그런데 실패를 극복한 원동력은 무엇인지 알려 주는 책을 찾기는 어렵다. 어떤 이는 가족, 어떤 이는 성취욕, 또 누군가는 부단한 자기 노력, 혹은 웅대한 꿈이 원동력이라고 말한다. 이렇게 원동력이 사람마다 다르다면 해결책도 각자 알아서 찾아야 하는 것일까?

필자는 수년간 성인 500여 명을 대상으로 자존감에 대해 강의를 했다. 회사에서 교육을 담당하는 직원이기에 누릴 수 있는 행운이었다. 영업인이나 영업을 지원하는 부서뿐만 아니라 영업과 무관한 일을 하는 직원에게까지 자존감에 대한 이론을 설명하고, 그들의 자존감을 높이기 위해 많은 활동을 진행했다.

그 소중한 경험을 통해 발견한 사실이 있다. 슬럼프를 겪는 영업인의 근원적 문제는 영업 기술이나 전문적인 지식보다는 자존감 때문이라는 것이다. 슬럼프를 겪는 영업인에게 저성과, 즉 성과가 낮은 이유를 물으면 '무기력에 빠졌다', '의욕이 없다', '소극적인 영업을 하다가 개별적인 거래 협상을 결국 포기했다'와 같이 주로 심리적인 측면을 언급했다.

그래서 심리적인 문제가 정말 근원적 이유인지 확인해 보았다. 심리적 측면 외에 영업인이 가져야 하는 영업 기술은 괜찮은 수준인가? 분석 결과 기술은 평범한 수준이었다. 영업 기술은 낮은 성과와 관련성이 없었다. 물론 영업 기술에 대한 교육이 필요 없다는 뜻은 아니다. 반드시 필요하다. 단지 지속적인 저성과의 원인은 아니라는 것이다.

흥미로운 사실은 성과가 낮은 영업인 자신이 그 이유를 알지만 대안을 찾지 못한다는 점이다. 슬럼프를 겪고 있는 영업인과 깊은 대화를 나눠 보면 '자신이 미흡하고 부족하다는 생각', '실망과 원망의 감정' 등을 반드시 갖고 있었다. 그들은 저성과나 슬럼프의 원인을 자기 자신의 미흡함에서 찾고 있었다. 참으로 안타깝고 답답한 노릇이다.

필자는 그들의 생각이 틀렸다고 생각한다. 미흡하다니, 결코 그렇지 않다. 기본적으로 갖고 있는 능력 수준은 큰 차이가 없다. 단지 자기 자신에 대한 '잘못된' 생각에 갇혀 있는 것이 문제였다. 이 책은 마음의 감옥, 즉 낮은 자존감이라는 생각의 틀에서 빠져나오도록 돕기 위한 고민의 산물이다.

이 책에서 필자는 자존감에 영향을 주었던 중요한 사건들을 소개한다. 자존감은 잘 느껴지지 않는다. 가끔 심각한 사건을 겪으면 내 자존감에 어떤 일이 생겼는지 느낄 뿐 평상시에는 결코 느껴지지 않는다. 그러나 영업인은 업무 특성상 자존감에 더욱 민감해야 한다. 아침에 일어나서, 회사로 출근하면서, 고객을 만나기 전에, 고객을 만나면서도, 고객과 헤어지고 나서도 자존감을 계속 점검해야 한다.

당신이 혹시 현장에서 활용할 영업 기술에 대한 관심으로 이 책을 선택했다면 실망할 수도 있다. 이 책은 영업인의 심리와 철학을 다루고 있기 때문이다. 영업인 내면의 심리를 다룬 책도 한 권쯤은 필요하다고 생각한다.

이 책은 영업인에게 자존감에 대한 이해를 돕는 부분과 건강한 자존감이 영업 현장에서 어떤 행동으로 드러났는지를 다루는 부분, 마지막으로 현장에서 실천할 수 있는 연습 부분으로 구성되었다.

1장과 2장에서는 자존감의 개념을 주로 다루었다. 개인적으로 자존감의 실체를 만났던 경험도 담았다. 독자들이 그와 같이 경험해 보기를 바라는 마음이 있기 때문이다.

3~5장에서는 자존감의 세 가지 영역인 자기존중감, 자기효능감, 자기호감을 이야기한다. 고성과 영업인들의 인터뷰와 의견도 소개한다. 성과가 높은 이유를 자존감이라는 관점에서 보니 그들의 생각은 평범하지 않았다.

6강은 독자들의 실천을 돕기 위한 내용이다. '자존감은 중요하지', '내 자존감 잘 챙겨야지' 하며 머리로만 이해하고 동의한다면 아무 쓸모가 없다. 고작 그 정도의 감동을 주기 위해서라면 굳이 이 책을 쓸 필요도 없었다. 반드시 실천을 해야만 자존감도 변화한다.

　필자의 조언을 믿고 21일간의 자기 훈련을 진정성 있게 실행해 본다면 반드시 변화가 있으리라고 확신한다. 내게는 나 자신을 다른 사람과 끊임없이 비교하는 고약한 버릇이 있었다. 그래서 내 자존감은 수도 없이 공격받았고, 그때마다 불쾌한 감정을 느껴야 했다. 자신에게 했던 행동에 대한 억울함 때문에 스스로 여러 번 항변해 보았지만 필자는 이 외침을 과소평가했다.

　그러다가 소중한 경험을 하면서 나 자신에게 진심으로 사과했다. 그 이후 훨씬 살맛 나고 행복한 삶을 살게 되었다. 일에서도 이 경험은 소중했다. 훨씬 즐겁고 재미있게 일하게 되었다. 이 책을 접하는 모든 영업인이 그런 경험을 해보길 바란다. 분명히 다른 세상이 펼쳐질 것이다. 영업에서 얻는 성과는 덤이다.

운정(雲井)에서

강정범

차례

PART 1
자존감과 만나기

PART 2
자존감 집중탐구

PART 6
자존감 트레이닝

PART 01

자존감과 만나기

평생의 반려자를 찾기 위한 고민보다

일생 동안 먹고살기 위해 어떤 직업을 선택할지 고민하는 것보다

소중한 자녀를 잘 키우기 위해 하는 많은 생각보다

훨씬 더 중요한 것은 나 자신에 대한 생각이다.

Chapter 1

자존감의 진정한 적(敵)

당신의 자존감이 공격받고 있다.

서점에는 자존감을 다룬 책이 수북하고, 자존감을 강조하는 유명인의 강연도 SNS(Social Network Services/Sites)에서 어렵지 않게 발견할 수 있다. 그런 것을 보면 뭉클한 감동과 함께 내가 자존감에 대해 얼마나 무지했는지 절감한다. 자존감에 대한 사회적 관심이 폭발적으로 늘어나고 있다는 느낌이다. 그런데도 이상하게 자존감과 관련된 사회적 문제는 끊임없이 발생하고 있다. 아직도 한국 사회는 자존감을 더 배워야 하는 것이 아닐까 생각해 본다. 소위 갑질 문제, 감정노동 문제, 자살률, 국민행복지수 같은 사회적 이슈도 자존감과 밀접한 관련이 있다. 믿을 수 있는 기관의 조사 결과를 몇 가지 살펴보자.

대한민국의 성인 남녀 행복지수는 100점 만점에 59점으로, 세계 143개 국 중 118위다. 팔레스타인 사람과 같은 수준이다. 또 다른 조사에 따르면 한국인 삶의 만족도는 34개국 중 29위로 경제협력개발기구(OECD) 회원 국 중 바닥 수준이다.

출산율, 사회복지, 어린이와 청소년 행복지수 등 긍정적 지표는 OECD 최하 수준인 반면, 산재사망률, 가계부채증가율, 남녀 간 임금격차 등 부 정적 지표는 최고 수준이다. 게다가 자살률은 지난 13년간 부동의 1위를 유지해 왔다.

한국의 자살률은 인구 10만 명당 29.1명으로 OECD 평균의 두 배가 넘는 다. 더 안타까운 사실은 최근 20대와 30대 청년의 자살률이 높아지고 있 다는 점이다. 작년 전체 자살률이 27.3명으로 다소 감소하는 사이에 20 대의 자살률은 오히려 4.2명이 증가했다. 20대가 노인 빈곤층 못지않게 삶에 절망을 느끼고 있다.

이런 절망적인 상황은 왜 발생한 것일까? 혹시 해결의 실마리를 사회 구성원의 자존감 개선에서 찾을 수는 없을까? 지금껏 우리 사회는 경제적 풍요를 위해 노력한 반면, 사회 구성원의 정신건강을 챙기는 데는 소홀했다. 잘살아 보자는 구호 아래 정신건강은 지나치게 등한시한 것이다. 이 과정에서 사회 구성원은 부(富)를 얻기 위한 경쟁에서 살아남고자 많은 노력을 기울였다. 대부분의 경쟁은 단순한 기준으로 경쟁자들을 평가한다. 이 과정에서 각 개인이 지니는 다양한 가치와 자질은 과소평가되었다. 개인이 지닌 다양성의 가치는 무시되었다.

운이 좋게도 집단에서 선호하는 능력을 가진 일부 개인들은 보상을 받았지만 대다수는 독특한 능력이나 개성을 발견하지도 못한 채 집단적 가치를 좇으며 살아왔다. 지금 우리 사회가 경험하고 있는 비극은 집단적이고 획일적인 판단의 대가가 아닐까? 대한민국은 경제적 지표로는 선진국일지 몰라도 국민의 정신건강까지 선진국 수준인지는 의심스럽다. 한국 사회를 사람에 비유한다면 골격과 신체적 건강은 어느 정도 갖추었지만 정신건강 수준은 매우 병약한 상태가 아닐까?

전문가들은 사회가 정신적 가치를 가볍게 보는 상황에 대해 우려를 나타내고 있다. 자존감에 대한 많은 관심과 저술, 강연도 그런 관점에서 해석할 수 있다. 자존감은 그 개념상 경쟁 상황을 가정하지 않으며, 개인의 인식과 선택을 강조한다. 따라서 사회 구성원 한 사람 한 사람이 자존감을 회복하면 다양성을 존중하고 각 개인의 자율과 선택을 존중하는 사회적 관용의 풍토에 도움이 되리라 생각한다. 아울러 자존감의 의미를 아는 사람들이 많아질수록 다른 사람의 자존감을 존중하는 성숙한 사회 분위기가 자리 잡을 것이다. 뿐만 아니라 이 사회가 몸살을 겪고 있는 개인주의나 이기주의에도 의미 있는 메시지를 던질 것이다.

그렇다고 우리 모두 서로 자존감을 인정하고 존중하자는 캠페인을 벌이자는 뜻은 아니다. 캠페인을 벌인다고 될 일도 아니다. 기본적으로 자존감은 개개인이 챙길 사적인 영역이다. 각자에게 인식의 변화가 일어나면 자연스럽게 관대하고 성숙한 사회가 된다.

나와 내 가족이 힘들어하는 사회적 문제를 해결하려면 우선 자신과 다른 사람의 자존감을 회복해야 한다. 위에서 언급한 사회적 이슈들이 다소 거창하게 보일 수 있으나, 해결의 실마리는 내가 쥐고 있을지도 모르는 일이다. 그런 의미에서 보면 내 자존감에 상처를 주었던 사건들은 사회 시스템이나 문화뿐 아니라 바로 자존감에 무지했던 나 자신 때문일 수도 있다.

사실 영업인은 실적이라는 단순한 기준으로 평가받기 때문에 자존감이나 개성 같은 개인 차원의 주제에 눈을 돌릴 여유가 없었다고 말할 수 있다. 그러나 사실 영업인의 실적도 매우 개인적인 차원의 주제다. 따라서 각자의 자존감은 이제 영업 현장에서도 새롭게 인식해야 할 주제다. 즉, 영업을 할 때 나다워야 한다는 것이다. 자신을 향해 이렇게 질문해 보자.

- 영업 현장에 나설 때 나는 행복감을 느끼는가?
- 나는 충분히 성공할 수 있고, 그 과정에서 발생하는 문제를 얼마든지 해결할 수 있다고 스스로 믿고 있는가?

여러 인터뷰와 조사에서 확인한 사실은, 지속적으로 좋은 성과를 내는 영업인은 수시로 자신에게 질문을 던지고 명확하게 그 답을 찾아낸 사람이었다는 것이다. 결국 성과는 이 답변에 대한 결과물인 셈이다.

자신을 깊은 애정과 관용으로 바라보지 않거나 자신의 능력을 믿지 않으면 절대로 건강한 자존감을 만들 수 없다. 좋은 성과도 없다. 영업인에게 상처를 주는 환경적 요인은 그저 외부 요인일 뿐이다. 나의 자존감은 내가 만든다. 결국 지금 내 자존감은 그동안 자신이 수없이 해 왔던 선택의 결과일 뿐이다.

당신은 건강한 자존감이 필요한가? 그렇다면 먼저 자존감이 무엇인지 명확하게 이해해야 한다.

Chapter 2

자존감에 대한 오해

자존감에 대한 오해가 자존감의 개선과 변화를 가로막는다.

건강한 자존감을 가지려면 먼저 자존감을 정확하게 이해해야 한다. 자존감은 변하지 않는다고 주장하거나 자존감에 영향을 주는 외부 요소에 지나치게 민감하면 자존감을 건강하게 챙기려는 긍정적 시도를 주저하게 된다. 사실 우리는 자존감에 대한 많은 오해를 하고 있다. 그 오해로는 다음과 같은 것이 있다.

자존감에 대한 첫 번째 오해는 '자존감은 수시로 바뀐다'는 것이다.
사람들은 보통 자신을 어떻게 생각할까? 단순하게 보면 두 가지다. '난 멋져' 또는 '난 너무 평범하거나 볼품없어'라고 생각한다. 모든 사람은 내면에서 둘 중 하나를 반드시 선택한다. '난 멋져'를 선택한다면 자신을 긍정적으로 보는 사람이고 '평범하거나 볼품없어'를 선택한다면 부정적으로 보는 사람이다. 이에 대해 이런 의문이 들 것이다. 어떻게 나에 대해 '난 멋져' 또는 '평범하거나 볼품없어' 가운데 하나만을 선택한다고 생각하는가? 하루에도 몇 번씩 변하는 게 사람의 자존감 아닌가?

수시로 변하는 기분이나 감정을 '상황적 자존감'이라고 한다. 사람은 누구나 그때그때 기분이 변하므로 그것은 큰 문제가 아니다. 반면 일반적으로 자존감이 건강하거나 건강하지 못하다고 할 때의 자존감은 '전반적 자존감'이다. 이는 나 자신에 대한 총체적인 인식과 감정이다. 이것이 중요하다.

예를 들어 조직에서는 실적이나 역량에 따라 개인의 부족함이 눈에 띄게 드러날 수 있다. 그러나 자존감이 건강한 사람은 영업과 관련된 역량은 일부분에 불과하기 때문에 자신에 대한 총체적인 가치까지 과소평가하지 않는다. 그는 실적으로 인한 우울한 감정을 떨쳐 버리고 새로운 도전과 변화의 가능성에 초점을 맞춘다. 일반적으로 전반적 자존감은 단기간에 크게 변화하지 않는다.

자존감에 대한 두 번째 오해는 '주변 환경이 너무 가혹하면 자신을 긍정적인 존재로 인식할 수 없다'는 것이다. 혼자서 자신을 긍정적 가치를 지닌 존재로 인식한다고 해서 당장 실질적으로 변화가 일어날 수 있을까? 이는 특히 힘든 상황을 겪고 있는 사람이 품을 수 있는 의문이다. 가난한 가정 형편, 정상적이지 못한 부모의 양육, 또래 집단의 차별과 따돌림, 비인격적인 직장 상사의 언행, 개인을 중시하지 않는 조직 분위기 등이 자존감을 회복 불능의 상태로 만드는 경우다. 마치 환경이 '넌 행복할 자격이 없어'라고 말하는 듯하다.

그러나 역설적이게도 그런 상황을 새롭게 보는 시각의 변화도 결국은 '소중한 나의 가치'에서 찾아야 한다. 사실 환경은 나에게 어떤 말도 할 수 없으며 단지 내가 그렇게 느꼈을 뿐이다. 나는 행복을 누릴 자격이 없는 불행한 사람이라고 규정한 것은 결국 자기 자신이다.

신경정신과 의사인 빅터 프랭클(Viktor Frankl)은 유대인이라는 이유로 강제수용소에 수감되어 수많은 어려움을 겪었다. 그가 쓴 『죽음의 수용소에서』를 보면 주변 환경의 어려움은 결국 마음먹기에 달렸다는 사실을 잘 알 수 있다.

> 수용소에서는 항상 선택을 해야 한다. 매일같이, 매 시간마다 결정을 내려야 할 시간이 찾아온다. 그 결정이란 당신에게서 당신의 자아와 내적인 자유를 빼앗아 가겠다고 위협하는 저 부당한 권력에 복종할 것인가 아니면 저항할 것인가를 판가름하는 것이다. 그 결정은 보통 수감자와

같은 사람이 되기 위해 자유와 존엄성을 포기하고 환경의 노리개가 되느냐 마느냐를 판가름하는 결정이었다.

이런 관점에서 볼 때 강제수용소 수감자들이 보이는 심리적 반응은 어떤 물리적, 사회적 조건에 대한 단순한 표현 이상의 의미를 갖는다. 수면 부족과 식량 부족, 그리고 다양한 정신적 스트레스를 받는 그런 환경이 수감자를 어떤 방식으로 행동하도록 유도할 가능성이 있지만, 결국 최종적으로 분석해 보면 그 수감자가 어떤 종류의 사람이 되는가 하는 것은 그 개인의 내적인 선택의 결과이지 수용소라는 환경의 영향이 아니라는 사실이 명백하게 드러난다. 근본적으로는 어떤 사람일지라도, 심지어는 그렇게 척박한 환경에 있는 사람도 자기 자신이 정신적으로나 영적으로 어떤 사람이 될 것인가를 선택할 수 있다는 말이다.

영업 현장에서도 마찬가지다. 당신이 어떤 유형의 영업인이 되는가는 내적인 선택의 결과이지 결코 영업 환경의 영향이 아니라는 것이다. 계속된 실적 부진과 슬럼프를 경험하면 '내 운명은 왜 이리도 가혹할까'라고 느낄 수 있다. 다른 동료들은 모두 기본 이상으로 실적을 내는데 자신은 정말 무능하고 형편없다고 느낄 수도 있다. 그럴 때 자신이 아닌 환경이 나를 실패자로 만들었다고 생각할 수 있다. 그 결론은 무척 편리한 정리일 수는 있지만 아쉽게도 완전히 틀린 판단이다. 결국 나를 환경의 희생물로 만들어 버렸다는 잘못된 생각을 스스로 받아들이는 꼴이다. 만약 그 결론을 거부하고 받아들이지 않으면 어떻게 될까? 자신을 불행한 존재라고 결론 내리기 전에는 누구도 불행하지 않다. 모든 사람은 행복을 누릴 수 있는 존재이기 때문이다.

자존감에 대한 세 번째 오해는 '자존감은 일반적으로 아동기 이전에 형성되어 성인이 된 후에는 변하지 않는다'는 것이다. 만약 변화가 어렵다면 자존감을 높이고자 하는 노력은 의미가 없지 않은가. 많은 발달심리학자가 개인의 자존감이 아동기 이전에 많은 부분 형성된다고 주장한다. 그래서 유아기 부모의 영향이 자녀의 인생 전반에 걸쳐 중요하다고 하는 것이다.

그러나 아동기 이후에도 지속적인 노력에 따라 자존감은 변화 가능성이 충분히 있다. 청소년기에 훌륭한 선생님을 만난다거나 독서를 하며 사고와 습관이 변한 경우, 혹은 군대에서 사고방식과 자존감이 변할 만한 사건을 겪는다거나, 불치병을 경험한 사건처럼 유아기와 아동기 이후의 경험도 중요한 영향을 줄 수 있다. 즉, 개인에게 발생한 결정적 사건은 극적으로 자존감의 변화를 만들어 낼 수 있다. 이런 자존감의 변화가 더디고 드물게 일어난다고 해서 성인 이후의 노력을 불필요하다고 할 수 있을까? 만약 조금이라도 자존감이 건강해질 가능성이 있다면 그 기회는 경험해 볼 만한 충분한 가치가 있다.

기본적으로 자존감은 내가 챙겨야 할 나의 일부분으로 인식해야 한다. 신체적 건강처럼 자존감 역시 일정한 건강 수준을 갖고 있고, 나의 관심 여하에 따라 영향을 받는다. 이제 자신의 자존감에게 손을 내밀어 보자. 조심스럽게 자신의 자존감에게 말을 걸어 보자.

"반갑다, 자존감."

"이렇게 얘기를 나누기는 처음이지?"

Chapter 3

간과했던 자존감의 영향력

자존감은 삶의 모든 영역에 지대한 영향을 미친다.

당신이 당신 자신에게 품은 생각과 감정은 다양한 상황에서 큰 영향을 미치기 때문에 중요하다. 배우자, 직업, 자녀 교육은 물론 그 어떤 생각보다도 중요하다. 또한 자존감은 정신건강의 중요한 토대다. 자존감이 건강하지 못하면 다양한 마음의 병을 앓을 수 있다. 자존감의 개념을 대중화하는 데 선구적 역할을 한 나다니엘 브랜든(Nathaniel Branden) 박사는 다음과 같이 말했다.

생물학적인 원인에서 비롯된 장애를 제외하고, 나는 자존감의 결핍에서

기인하지 않은 심리적 문제를 단 하나도 생각할 수 없다. 그러니까 불안과 우울에서부터 학교나 직장에서의 낮은 성과, 친밀감 또는 성공에 대한 두려움, 알코올 또는 약물 남용, 배우자 폭행, 아동 학대, 동반의존증(co-dependency), 성 장애(sexual disorder), 수동성과 만성적인 무목적성, 자살, 폭력 범죄까지, 이런 문제들은 최소한 부분적으로 자존감의 결핍 때문이다. 우리가 평생 동안 내리는 판단 가운데 자기 자신에 관한 판단보다 더 중요한 것은 없다.

그동안 자존감에 대해 너무 무관심하고 무지했다고 생각하지 않는가? 자신에 대한 인식과 감정은 삶의 모든 영역으로 흘러들어가 가족관, 직업관, 대인관, 미래관 등 중요한 관점을 형성한다. 자존감이 그 사람의 현재와 미래를 만들어 낸다고 하면 지나친 과장일까? 과거에 내가 나 자신에 대해 품었던 생각이 오늘의 나를 만들고, 지금 나에 대한 인식은 미래의 나를 만든다.

청소년을 대상으로 자존감 강의를 몇 번 한 적이 있다. 인생의 초기 단계인 청소년들인데, 그 짧은 기간 경험한 성공과 실패를 바탕으로 자신의 이미지를 이미 정해 놓은 경우를 여러 번 보았다. 놀라웠다. 어떤 학생들은 낮은 자존감 때문에 자신에게 비관적인 미래가 펼쳐질 것이라고 말하기까지 했다. 안타까웠다.

아이들이 그렇게 말하는 데는 주변 어른들의 책임이 크다. 어른들은 성적이라는 단순한 기준만으로 공부를 못하면 미래에도 실패할 것이라고 단정한다. "너, 이렇게 공부 안 하면 나중에 불행해진다"라는 등의 말들을 쉽게 한다. 이런 말은 공부에 흥미를 느끼지 못하는 아이들에게 버거운 목표라는 짐을 지우고, 불행을 상상하게 함으로써 큰 절망감을 심어 준다. 아이들이 품는 안타까운 자아상을 보면 어른들의 실수가 얼마나 치명적인지 절감한다. 아이들의 인생을 길게 보며 기다려 주는 여유가 어른들에게 필요하다.

요즘은 아동이나 청소년을 대상으로 미래를 스케치해 보는 생애목표수립 프로그램들이 많이 생기고 있다. 그런데 미래 그림을 그려 보는 것도 중요하지만 먼저 현재 아이들의 자존감 상태를 진단하고 느끼게 하는 프로그램이 더 필요하다. 건강하지 못한 자존감으로는 자신만의 꿈을 그려 내기가 어렵기 때문이다.

개인을 넘어 대인 관계나 조직 생활에서도 자존감은 큰 영향을 미친다. 건강한 자존감을 가진 사람은 다른 사람의 미숙한 감정 표현을 있는 그대로 수용하고 그 감정 자체를 읽을 줄 안다. 그러나 자존감이 낮으면 다른 사람의 미숙한 감정 표현법 그 자체에 주목한다. 그래서 상대방이 자신을 무시한다고 오해하기도 하고, 자신도 역시 거칠고 감정 섞인 방식으로 반응하기도 한다.

함께 일하는 동료 관계에서도 자존감의 건강 여부에 따라 협력을 이끌어 내기도 하고 갈등을 키우기도 한다. 작은 갈등이 묘하게 힘겨루기 양상으로 번지기도 한다. 어떤 직원은 주변 동료들에게 집단 따돌림을 당하기도 한다. 좀 더 깊이 들여다보면 이 모든 행동이 개인의 자존감과 관련이 있다.

조직 생활에서는 동료만큼 리더도 중요하다. 자존감이 높은 리더는 부하 직원의 자존감을 존중하고 그들이 건강한 자존감을 가질 수 있도록 배려한다. 반면 누가 보아도 틀린 의사결정이 난무하고, 거기에 누구도 이의를 제기하지 않는 조직에는 보통 건강하지 못한 자존감을 가진 리더가 많다. 그런 조직에서는 정상적인 비판을 하더라도 오히려 현실 감각이 떨어지는 사람이라고 공격당하기 일쑤다. 그런 상황에서는 정상적인 사람이라도 대부분 자존감이 떨어지기 마련이다.

자존감이 건강하지 못한 리더는 폭언, 강압 같은 위력으로 자신의 권위를 관철하려고 한다. 회유나 조작 같은 비밀스러운 행동도 일삼는다. 조직 내에서 힘 있는 상대와의 갈등이 두려워 필요한 대결을 회피하기도 한다. 대부분 건강하지 못한 자존감 때문이다.

일반적으로 리더의 자존감은 리더십 행위로 나타나며, 조직의 성과에 큰 영향을 미친다. 경영자는 자신의 리더십을 돌아보고 어떤 경험이 내 자존감에 상처를 주었는지 살펴서 성숙한 자존감을 가질 수 있도록 스스로 노력할 필요가 있다. 동시에 조직의 리더들이 건강한 자존감을 갖고 리더십을 발휘할 수 있도록 관심을 쏟아야 한다. 코칭은 그런 관점에서 매우 유용한 자존감 개발 방법이다. 기업에서 투자할 여력이 있다면 경영진은 물론이고, 현장의 관리자들도 자존감을 높일 수 있는 코칭과 교육 과정을 경험하게 할 필요가 있다.

한국의 산업사회 성장을 이끌었던 리더들은 자존감이 억압받으며 자란 세대이며, 그들의 팔로워들은 자존감을 존중받으며 자란 세대다. 자존감에 대한 사회적 이해가 커질수록 조직 구성원의 자존감 존중의 요구는 더욱 커질 것이다. 리더들은 코칭이나 동기부여 기술을 배우는 것도 중요하지만 근본적으로 자기 팔로워들의 자존감을 지켜 주는 것이 우선이다. 자존감을 가벼이 여기는 리더는 팔로워들의 존경과 신뢰를 얻지 못한다.

자존감은 개인을 넘어 가족과 친구 관계, 조직 생활의 행복과 성공, 문제 해결을 위해 우선적으로 살펴야 할 주제가 되었다. 자존감의 영향력을 더 이상 간과해서는 안 된다.

Chapter 4

자존감의 구성 요소

자존감은 나에 대한 긍정적 인식 그 이상이다.

자 존감의 개념을 모르는 사람은 드물 것이다. 그렇다고 자존감을 정확하게 아는 사람도 많지 않다. 대부분이 자존감을 자신에 대한 긍정적 평가나 인식 정도로 알고 있다. 혹은 특정 상황에서 다른 사람과 비교할 때 느끼는 자존심이나 우월감과 혼동하기도 한다. 하지만 자존감은 열등하거나 우월하다는 비교 의식과는 거리가 멀다.

자존감이 무엇인지 정확히 알려면 '자신에 대한 긍정적 인식이라는 단순한 개념'을 넘어 구체적으로 어떤 인식을 가져야 하는지 명확한 이해가 필요하다. 그러기 위해서는 자존감을 구성하는 요소가 무엇인지 살펴볼 필요가 있다.

1. 자기존중감

한 언론인이 자존감에 대해 이야기하는 것을 들은 적이 있다. 그는 자존감을 '나다움'의 가치를 명확히 인식하는 것으로 설명했다. '나다움'의 가치 인식은 자체로도 행복한 일이지만 다른 사람과 비교할 때도 자유로울 수 있다. 건강한 자존감은 다른 사람의 두드러진 장점에 대해 부러움은 약간 느낄 수 있지만 순수하게 박수를 쳐줄 수 있게 한다. '나다움'의 가치가 있듯이 '그다움'의 가치도 멋지기 때문이다. 박수를 친 후에는 나의 관심이 자신에게로 돌아오고 심적 평온을 되찾게 된다. 높은 자존감은 다른 사람과는 비교할 수 없는 '나다움'의 가치에 진정 어린 애착을 느끼게 한다.

대부분의 사람들은 성장하면서 '나다움'의 가치를 알 수 있는 기회를 경험한다. 어릴 때 부모님, 가족, 선생님, 친구들이 "우리 철수는 참 착하구나", "부지런하고 똘똘하구나" 같은 칭찬을 해준다. 아이들은 그런 칭찬과 격려의 순간에 '나다움'이 가진 가치의 근거를 얻는다. 청소년기에는 독립적인 사고 능력을 가지면서 '나다움'의 이미지를 어느 정도 완성한다. 그때 지속적으로 부정적인 평가를 받으면 부정적인 '나다움'의 이미지를 갖는다. 그러므로 건강한 자존감 형성을 위해 아동과 청소년 기에는 강점에 집중해야 한다.

후천적인 발견이나 확인 여부를 떠나 사람은 태어날 때부터 이미 '나다움'의 가치를 지니고 있다. 자신만의 강점을 타고나기 때문이다. 모든 사람은 인간으로서 부여받은 존엄성과 함께 타고난 고유의 가치를 근거로 행복을 누릴 자격이 충분하며, 이에 대한 확고한 믿음이 필요하다. '나는 충분히 행복할 자격이 있다는 확실한 믿음'이 바로 자기존중감이기 때문이다.

건강한 자기존중감을 가진 사람은 어떤 어려움에 처해도 결국에는 자신이 행복을 누리게 될 것이라는 확신이 있다. 흔히 말하는 '나는 중요하다, 소중하다'라는 식의 긍정적 사고방식과는 다르다. 자존감의 일부로서 자기존중감의 근거는 스스로 발견한 '나다움'의 가치다. 자존감의 개념은 모든 사람에게 역설한다.

"당신은 행복을 누릴 충분한 자격과 가치가 있습니다. 이 사실을 받아들이세요."

사실 사람들이 '나다움'의 가치를 발견했느냐 그렇지 않느냐는 선택의 문제일 뿐, 각자의 '나다움'은 반드시 존재한다. 자존감 회복을 위해 자아의 재발견, 즉 '나다움의 가치'를 발견하는 것은 그래서 중요하다.

2. 자기효능감

미국의 상담심리학자인 나다니엘 브랜든 박사는 자기효능감을 '인생의 기본적인 도전을 스스로 이겨 낼 수 있다는 믿음'으로 정의했다. 처음에는 이 말을 이해할 수 없었다. 충분한 자기효능감을 가지려면 매우 높은 수준의 능력이나 자격을 갖추어야 한다고 생각했기 때문이다. 마치 수능 성적 상위 0.1퍼센트 안에 들거나 청년 CEO로 큰 성공을 거두어야 하는 것처럼 말이다.

그러나 자기효능감은 그런 의미가 아니다. 그렇다면 '인생의 기본적인 도전을 감당할 수 있는 능력'이란 무엇을 의미할까? 사람은 살면서 수많은 어려움과 위기를 경험한다. 갓난아기는 몇 달이 지나면 뒤집고, 기고, 대략 1년을 전후해서 일어나 걷는다. 보통 아기가 걷기 위해 넘어지는 횟수는 천 번이 넘는다고 한다. 모든 사람이 기억하지 못하지만 일어서고 걷는 것을 숙명처럼 여기고 계속 도전해 결국은 완벽하게 성공한다.

그렇다고 이 정도는 누구나 할 수 있는 일이라고 당연하게 여기지 말자. 자연의 섭리이니 별일 아니라고 폄하할 것도 아니다. 의식하지 못한 채 성공했을 뿐 모든 아기에게는 어려운 도전이었다.

인생의 기본적인 도전은 쉬지 않고 나타난다. 모든 유아는 세상에서 유일하게 신뢰할 수 있는 엄마와 떨어져야 하는 시기를 겪는다. 그뿐 아니라 친구 관계에서 겪는 고독, 비교 심리, 갈등도 그 시기에는 밤잠을 설칠 정도로 힘겨운 문제다. 그 과정에서 모든 아동은 완수해야 할 많은 과제를 수행해야 한다. 지적, 신체적 능력을 검증받아야 하며, 크고 작은 기술들을 연마하면서 사회화에 성공한다. 그 시기의 도전을 감당해 내는 것이다.

혹자는 자신의 청소년기가 비행과 방황으로 얼룩진 실패작이니 본인은 문제아요 무능하다고 말한다. 그러나 그가 실패했다고 말하는 그 근거는 아주 빈약하다. 그런 평가를 하는 이유는 다른 사람과 비교할 때 자신이 정해 놓은 '모범적인 성공'의 이미지에 미치지 못했기 때문이다. 청소년기의 방황이나 비행을 무능이나 실패로 규정짓는 것은 너무나 일방적인 평가다. 사실 혹독한 사춘기는 누구에게나 만만치 않은 인생의 도전이다. 세상에 존재하는 모든 청소년의 도전은 각기 그 양상이 다르다는 사실에 주목하자.

흔히 말하는 학업 성적이나 모범적인 생활 여부는 성공과 실패를 구분하는 기준이 아니다. 청소년기의 방황과 고민의 시기를 버텨 가면서 어엿한 성인으로 성장했다면 그것은 어려운 삶의 도전을 견뎌 낸 것이다. 그것이 통과의례이자 성장통인 것은 분명하지만 그것을 절대 과소평가해서는 안 된다. 사회적 상식에 어긋난 비행을 저지르고 사회적으로 정해 놓은 성공의 결과를 만들어 내지 못했다고 해서 실패자로 취급하는 것은 삶에 대한 진지한 성찰이 부족하기 때문이다.

숱한 어려움을 거쳐 성인이 되어 부모의 믿음과 기대에 부응하고자 노력하고 책임 있는 사회인으로 일터에서 성실히 업무를 수행했다면 인생의 기본적인 도전을 감당한 것이다. 거기에 좋은 아빠와 엄마가 되기 위해 깊은 고뇌와 자기 성찰을 한 경험이 있다면 스스로 자기효능감을 가져도 될 만한 충분한 자격이 있다.

3. 자기호감

자기호감은 자신을 매력적으로 보는 생각이다. 자신을 매력적인 존재로 인식하면 자신을 부끄럽게 여기지 않고 당당히 드러낸다. 그런 자기 개방을 행복으로 여긴다. 그런 사람은 자신을 가장할 필요를 느끼지 못한다. 단순히 '난 내가 정말 좋다'고 느낄 뿐이다. 그런데 여기서 중요한 점은 자기호감의 근거에 자신의 '정직성과 윤리성'이 있다는 사실이다. 즉, '나는 착하다'고 생각하는 내면의 깊은 인식이 자신에게 호감을 품도록 한다.

안타까운 일이지만 전과 수십 범의 사기 범죄자나 연쇄 살인자는 자신을 결코 매력적인 존재로 보지 않는다. 이는 자기호감을 느낄 수 있는 심리적 근거가 허물어졌기 때문이다. 그들이 자신에게 호감을 느끼려면 자신의 윤리성이 무너졌던 그 순간을 기억해 내고 다시 그 순간으로 돌아가 다른 선택을 할 수 있는 기회를 얻어야 한다. 물론 그 정도의 극적인 변화를 위해서는 심리치료 전문가의 도움이 필요하다.

지금까지 말한 자기존중감, 자기효능감, 자기호감은 자존감을 구성하는 주요 요소다. 이런 요소는 평상시에는 심리 저변에 가라앉아 있다가 살면서 어려운 순간이 다가오면 흙탕물을 휘저었을 때처럼 들고 일어나 마음과 감정을 지배한다. 이처럼 자존감은 위기의 순간에 맞닥뜨렸을 때 중요한 역할을 한다.

이것을 뒤집어 설명하면, 위기의 순간에 건강한 자존감을 발휘하려면 평상시에 자존감을 위해 관심과 노력을 기울여야 한다는 뜻이다. 건강을 위해, 조각 같은 몸매를 위해, 미용을 위해 노력하는 것처럼 자존감에도 특별한 관심을 기울여야 한다.

Chapter 5

비교할 수 없는 매력

자존감은 하나뿐인 '나' 자신의 가치를 발견하는 일에서 시작된다.

몇 년 전 회사 교육 과정을 운영하면서 겪은 일이다. 과정을 마칠 때쯤 강사는 모든 참가자를 강의실 앞으로 나오게 하더니 그날 배우고 느낀 점을 발표하게 했다. 교육 참가자 20여 명이 차례대로 발표를 했다. 특별한 일은 아니었다. 그동안 자주 목격했던 익숙한 장면이었다. 그런데 그날은 이상한 생각이 들었다.

'모두 같은 경험을 했는데, 왜 다른 내용을 말하는 걸까?'

같은 교육 과정에 참여하고도 느낀 점이 모두 다르다는 사실은 특별했다. 굳이 사람은 모두 다르다는 자연법칙을 들먹이지 않더라도 삼척

동자도 아는 이 사실이 그날따라 왜 그리 특별하게 다가왔을까. 같은 경험을 했으니 모두가 같은 것을 배우고 비슷하게 변해야 한다는 내 생각이 잘못이라는 사실을 깨달았다. 같은 경험을 하더라도 사람은 각자 다르게 해석하고 다른 의미를 부여한다. 이미 그들 머릿속에 형성된 경험 체계가 독특하기 때문이다.

그날 그런 깨달음을 얻고 얼마 후의 일이다. 주말에 방에 누워 최근 회사에서 겪은 일을 생각하고 있었다. 고위 임원과 많은 직원이 참석한 제법 규모가 큰 회의에 대한 기억이었다. 필자에 이어 바로 동료가 의견을 발표했다. 그 동료의 발표를 들으며 '왜 난 저런 생각을 못 했을까? 저 친구처럼 이야기했어야 했는데 참 아쉽다'라고 생각하며 나를 자책했다.

그 순간 며칠 전 깨달음이 생각났다. 나는 그 동료와 분명히 다르고, 그 상황에서 나름대로 최선을 다해 아이디어를 발표했던 터였다. 그 회의는 참가자들의 의견을 비교하고 평가하는 자리가 아니었는데도 나는 자연스럽게 내 생각과 동료의 생각을 비교했다. 더 나아가 나 자신을 그와 비교했다. 즉, 은연중에 내 아이디어를 '나'와 동일시한 것이다.

사실 나는 꽤 많이 나 자신과 다른 사람을 비교하는 습관이 있었다. 타인과 비교하면서 '저 친구는 나보다 뒤떨어지는군' 혹은 '저 친구는 어떻게 저런 생각을 했을까? 그래서 높은 고과를 받는구나. 난 한참 뒤떨어졌네. 저 친구 앞에서는 조심해야지' 하고 생각했다.

다른 사람과 나를 저울에 올려놓고 비교하는 습관은 대부분 나를 우울하게 만들었다. 결코 유쾌한 상상이 아니다. 물론 발전과 성장을 위해 다른 사람의 우수한 점을 찾아보는 것도 필요하지만 엄밀히 보면 이는 비교와는 다르다. 본능적으로 남에게 뒤처지는 것이 두려워서 끊임없이 나를 다른 사람과 비교하지 않았나 하는 생각이 들었다. 경쟁에서 이기려면 그래야만 한다고 생각했다.

어린 시절부터 어떤 일이든 이를 악물고 열심히 했던 기억들이 떠올랐다. 나를 믿어 주시던 부모님을 실망시키지 않기 위해 부단히 노력했던 일, 나름대로 계획을 세워 성실하게 실행하려 했던 일, 꼭두새벽부터 일어나 부지런히 하루를 시작했던 일들이 주마등처럼 스쳐 지나갔다. 스스로 대견하다는 생각이 들었다.

바로 그 순간 나 자신에게 미안한 마음이 들었다. 잠시 감정을 정리할 시간을 갖고 나에게 사과하는 의미로 조용히 두 팔을 엇갈려 포옹하듯이 어깨에 얹었다. 그리고 두 손으로 어깨를 묵직이 주무르고 토닥이며 말했다.

"미안하다. 너에게 정말 미안했어. 그렇게 하는 것이 너를 위하는 일이라고 생각했어. 하지만 정작 네가 잘했을 때는 칭찬한 적이 거의 없는 것 같아. 너를 너무 인색하게 대해서 진심으로 미안하다."

그 순간 마음속에 기쁨이 파도처럼 밀려왔다. 동시에 뒷덜미와 어깨에서 뭔가 무거운 짐을 내려놓은 듯한 느낌이 들었다. 어깨가 가벼워졌다. 그 경험 이후 나는 나를 좀 더 관대하게 대하게 되었다. 물론 나를 비교와 경쟁의 링 위에 세우려는 욕구를 자주 느꼈지만 그냥 있는 그대로 나를 인정해 주자는 생각이 들 때가 많아졌다.

인생을 보는 관점에는 두 가지가 있다. 하나는 경주 패러다임이고, 하나는 여행 패러다임이다. 경주 패러다임은 승패라는 결과가 분명하기 때문에 이기는 것이 목적이고, 주변 사람들은 경쟁자일 뿐이다. 보상은 승자에게만 주어지는 승자 독식의 법칙이 지배한다. 반면 여행 패러다임은 승패에 대한 개념이 없다. 여행의 목적은 각자 즐겁게 즐기고 여정을 무사히 마치는 것이다. 주변 사람은 함께 여행을 즐기는 동반자이자 길벗이다. 모두가 그 여행 중에 감동과 깨달음이라는 보상을 받을 수 있다.

좋은 동반자를 만나면 제로섬 게임이 아닌 곱하기 법칙이 적용된다. 이기고 지는 승패 개념이 아니라 모두 이기는 승승 개념이 지배한다. 유대교 랍비였던 해롤드 쿠시너(Harold Kushner)의 말은 그래서 의미가 깊다.

인생의 목적은 이기는 것이 아니다. 인생의 목적은 성장하고 나누는 데 있다. 인생에서 해온 모든 일을 되돌아볼 때, 당신은 다른 사람들보다 잘하고 그들을 이긴 순간보다 그들의 삶에 기쁨을 준 순간을 회상하며 더 큰 만족을 얻게 될 것이다.

이것은 경주 패러다임으로는 절대 누릴 수 없는 행복이다. 자신과 다른 사람을 비교하며 경쟁에서 승리하려는 것은 경주 패러다임이고, 세상 모든 사람이 자신만의 길로 가고 있다고 믿는다면 이는 여행 패러다임이다. 나는 두 팔로 자신을 안아 주면서 있는 그대로 자아를 받아들였고, 삶을 보는 관점을 경주 패러다임에서 여행 패러다임으로 바꿀 수 있었다.

그 후 10여 년이 지나 자존감의 개념을 접하면서 그 경험이 스스로 자존감을 발견했던 사건이었음을 알게 되었다. 그 당시 소중한 경험을 할 수 있었던 이유는 명확하게 기억나지 않는다. 아마도 그 시기에 자존감이 높았던 멋진 동료들과 지인들이 내 곁에 있었기 때문이라는 생각이 든다. 그들과 나눈 대화와 자극이 나로 하여금 자존감을 발견하도록 하지 않았을까? 분명한 사실은 그날 이후 내 자존감이 눈에 띄게 건강해졌다는 점이다. 자존감이 극적으로 변화한 '결정적 사건(critical incident)'이었다. 나를 비교 불가, 대체 불가의 값진 존재로 발견한 잊지 못할 경험이었다.

나를 용서합니다.

나는 이제 나를 용서합니다.

원하는 것을 손에 넣을 수도

그것을 누릴 수도 없다고 생각했던 나를 용서합니다.

내가 원하는 존재가 결코 될 수 없을 거라고

너무 오래 생각해 왔던 나를

나는 지금 용서합니다.

- 시에나 드로한(Ceanne DeRohan)

PART 02

자존감 집중탐구

자존감을 구성하는 요소들은

서로 영향을 주며 복잡하게 어우러져 있다.

그러나 각 요소가 보여 주는 행동적 특성은 명확하다.

사교성, 주도성, 윤리성이라는 특성이 그것이다.

각 특성은 낮은 자존감이 보여 주는 행동들과 구별되는

차별적 가치를 갖는다.

Chapter 1

자기존중감

자기존중감은 스스로 행복을 누릴 자격이 있다고 믿는 것이다.

자기존중감의 심리적 근원은 자신이 지닌 '나다움'의 가치다. 이는 인간으로서 부여받은 존엄성을 바탕으로 스스로 발견한 자신만의 모든 가치를 말한다. 자기존중감이 낮은 사람들은 자신에게 찾아온 행복을 편하게 누리지 못하고 그것을 잃을까 두려워 전전긍긍한다. 행복을 내 품에 안더라도 그것을 빼앗길까 봐, 바람처럼 지나갈까 봐 깊이 만끽하지 못한다. 그토록 바라던 것을 얻었지만 그 순간부터 그것을 잃을까 봐 두려워한다.

이상우(가명) 씨는 이제 막 군복무를 마치고 대학에 복학한 남학생이다. 그는 취업 준비를 위해 학업에 충실하리라 결심했다. 그런데 첫 수업에서 취업이라는 애초의 목표를 잊게 할 만큼 아름다운 여학생 후배를 보고 첫눈에 반했다. 그러나 다른 남학생들도 그 후배에게 호감을 갖고 있다는 사실을 알고 자신이 없어졌다.

얼마 후 시간이 지나 우연한 기회에 그 후배와 같은 팀에서 활동을 하면서 점차 가까워지게 되었다. 자연스럽게 친해지면서 단둘이 몇 번 만나기도 했다. 그 과정에서도 자신의 감정을 숨기고 귀여운 후배로만 대해 주었다. 자신이 호감을 느끼고 있다고 말하면 그녀가 부담을 느낄 것 같아서 두려웠다.

그런데 놀라운 일이 벌어졌다. 그 여학생이 먼저 정식으로 사귀자고 말하는 것이 아닌가. 꿈만 같았다. 모두가 부러워하는 그녀의 남자 친구가 된 것이다. 그러나 그 행복은 오래가지 못했다. 많은 남학생이 항상 그녀 주변에 있었고, 여러 차례 불편한 갈등이 있은 후 참다못한 그는 그녀에게 원망과 분노를 퍼부었다. 그 과정에서 돌이킬 수 없는 말실수도 있었다. 그녀가 이별을 통보했다.

주변에서 흔히 볼 수 있는 사례다. 누구의 잘못이라고 말할 수 없으며, 남학생이나 여학생 모두 책임이 있다. 다만 남학생에게 행복을 충분히 누릴 만큼 마음의 여유가 있었다면, 그리고 만나면서 생긴 불만과 답답함을 성숙하게 다룰 만한 인내심과 포용력이 있었다면 얼마나 좋앞을까 하는 생각에 안타까울 뿐이다. 만약에 '나는 이 행복을 누릴 자격이 충분히 있어'라고 생각해서 '나처럼 괜찮은 남자를 알아보지 못하는 그녀가 안타깝네. 아쉽지만 우린 인연이 아니구나' 하며 담담하게 이별을 말했다면 어땠을까? 관계가 그렇게 비극적으로 끝나지는 않았을 것이다.

일상생활에서 자기존중감은 어떻게 나타날까? 어떤 일이 뜻대로 되지 않거나 반대로 잘되어 갈 때 자기존중감이 낮은 사람과 높은 사람은 대응하는 방법이 다르다. 자기존중감이 낮은 사람은 이렇게 반응한다.

'나처럼 재수 없는 사람에게 그런 행운이 찾아오겠어?'

'지금 이 행복은 결국 나를 스쳐 지나가는 행운일 뿐이야.'

그러고는 기쁘거나 행복한 순간을 우연으로 치부해 버린다. 지금의 행복을 일시적이라고 생각하기 때문에 그 행복을 이어갈 생각을 하지 못한다. 생각이 부정적이니 결과도 늘 부정적이다. 반면 자기존중감이 높은 사람은 다르게 반응한다.

'이 어려움은 잠시 지나가는 터널일 거야. 나는 행복을 누릴 자격이 있기 때문에 머지않아 이 터널은 끝날 거야.'

'결국 내가 인내의 열매를 맛보게 되었구나. 지금 이 행복을 충분히 만끽하자.'

자기존중감이 높은 사람은 이렇게 사고방식이 긍정적이기 때문에 긍정적인 결과를 낳는다. 어려움을 극복할 수 있는 에너지를 얻고 행복이나 즐거움, 기쁨을 충분히 누리다 보니 더 큰 행복을 얻는다.

이런 현상은 영업인에게도 똑같이 나타난다. 높은 실적을 올리는 영업인에게는 끊임없는 긍정성(optimism)과 더불어 실패를 남다르게 해석한다는 공통점이 있다. 이들은 고객의 거절을 성공의 과정으로 인식한다.

선천적 장애를 갖고 태어났지만 전설적인 영업인으로 추앙받는 빌 포터(Bill Porter)는 다음과 같이 말했다.

나는 고객의 거절을 더 좋은 상품으로 다시 와 달라는 신호로 이해했다.

홈런왕 베이브 루스(Babe Ruth)는 "극심한 슬럼프에 빠졌을 때 어떻게 합니까?"라는 질문을 받았을 때 이렇게 대답했다.

나는 그 자리에서 계속 배팅을 합니다. 배팅을 계속하면, 다른 사람에게 적용되는 평균율 법칙이 내게도 적용된다는 사실을 나는 압니다. 한 경기에서 두세 번 스트라이크 아웃을 당하거나 일주일 내내 안타를 치지 못한다고 해서 왜 걱정을 해야 합니까? 걱정은 투수들이 하는 거죠. 그들은 머지않아 시련을 맞을 테니까 말이죠.

이런 배짱이 영업인에게도 필요하다.『한국의 영업왕 열전』에 나오는 보험왕 이경의 고백은 거절에 절망하는 영업인에게 좋은 본보기다.

> 보험 업계에서 저만큼 많이 돌아다닌 사람은 없을 거예요. 그러다 보니 저보다 거절을 많이 당한 사람도 없을 테죠. 하루에 대략 서른 군데를 방문하거든요. 그러면 평균 세 곳 정도를 건지게 됩니다. 하루에 스물일곱 번 거절당하는 셈이죠. 게다가 건졌다고 해도 그것이 계약 세 건으로 바로 이어지는 것은 아닙니다. 그 세 건이란 결국 계약 가능성이 있는 업체 세 곳을 말하는 것입니다.

이경은 처음 영업을 시작하며 확신이 없었다. 그는 딱 3개월 정도만 열심히 일한 후 안 되면 미련 없이 떠나겠다고 마음먹었다. 3개월 동안 명함 1,500장을 썼다. 하루 평균 열 명꼴로 새로운 사람을 만나러 다녔다. 두 달 후부터 계약이 쏟아졌고, 신인상을 수상했다.

자기존중감이 높은 사람은 대체로 개방적이고 사교적이다. 상냥하고 따뜻하며, 적극적으로 친절을 베푼다. 반면 자기존중감이 낮으면 주변 사람들과 나누는 대화가 적고, 교류나 소통의 횟수도 많지 않다. 혹시 전에 비해 말수가 급격히 줄어든 동료가 있는가? 입사 초기에는 표정이 밝았는데 어느새 어두운 표정만 짓고 있는 동료가 있는가? 그들의 자기존중감을 진단해 볼 필요가 있다. 특히 장기간 야근과 주말 근무를 하면 대부분 표정이 굳어지고, 주변 사람과의 대화가 줄어든다. 아마도 '나는 이 조직에서 부속품이자 일하는 기계에 지나지 않아' 하고 생각할 것이다.

자기존중감이 낮아진다는 것은 자신의 존재 가치와 자아상에 상처를 입었다는 뜻이며, 이는 주변 사람들과 맺는 사교적 교류에 영향을 줄 수 있다. 이런 상태가 더욱 악화되면 우울증이나 자폐증을 겪을 수도 있다. 이런 사람에게는 적극적인 사교성을 발견하기가 어렵다. 심각한 우울증을 겪는 사람이 다음과 같이 말하는 것을 들은 적이 있다.

"나 하나쯤 사라져도 아무도 슬퍼하지 않겠지? 조용히 땅으로 스며들고 싶다."

"이 10층 건물에서 떨어져도 왠지 죽지 않을 것 같아. 푹신한 땅으로 꺼져 버릴 것 같아."

이런 말을 하는 그에게서 '나 자신은 충분히 행복할 만한 가치가 있다'는 확신이 느껴지는가? 어찌 보면 삶이란 행복과 불행이 어우러져 만들어 내는 거대한 그림과 같다. 우리의 희망처럼 불행이라는 부분이 없는 그림만을 그리는 일은 절대 불가능하다. 혹시 당신은 지금 그 불행을 그리고 있는가? 당신은 그 불행을 어떻게 해석하고 있는가?

자꾸만 부정적인 표현을 하려는 욕구가 생겨도 결코 욕구대로 해서는 안 된다. 그림에서 한 발 뒤로 물러나 큰 그림을 보면서 그 불행을 긍정적으로 해석해야 한다. 그리고 소중한 '나다움'의 가치인 자기존중감이라는 렌즈로 불행을 바라보면 긍정적인 해석을 내놓을 수 있다.

Chapter 2

자기효능감

자기효능감은 인생의 기본적인 도전을 이겨 낼 수 있다는 믿음이다.

비교적 이른 시기에 임원이 된 영업본부장 박상호(가명) 이사는 전설과도 같은 존재다. 그는 회사의 인정을 받아 유례없는 쾌속 승진의 주인공이 되었다. 그동안 현장을 누비면서 바닥이 닳아 버린 구두가 수십 켤레이며, 챙겨 둔 명함은 수천 장에 이른다. 이런 그가 영업 조직 전체를 이끄는 영업본부의 수장이 된 것이다.

처음 본부장이 된 후 그는 눈물이 날 정도로 행복했다. 개인 사무실, 차량, 비서의 서비스는 그동안 불철주야 일한 보상이라 여겼다. 그러나 행복은 몇 달도 채 가지 않았다. 짓누르는 부담감 때문이었다. 그는 영업본부도 자신이 지금까지 쌓아 온 명성에 어울리는 전설로 만들고 싶었다. 부지런히 직원들을 교육하고 일일이 호출해 코칭했으며 그 경과를 세심하게 챙겼다. 거시적인 관점에서 영업 전략을 수립하고 일관되게 추진했다.

그런데 수개월이 지나도록 가시적인 결과가 나타나지 않자 그는 초조했다. 갑자기 가슴이 답답해지기 시작한 것은 이때쯤이었다. 그런 증상이 나타날 때는 숨도 쉬기 힘들었다. 주변에서 잠시 쉬라고 권했지만 지금 쉬면 그동안의 노력은 허사가 된다는 두려움에 주말에도 쉴 수 없었다. 그러나 안타깝게도 실적은 개선되지 않았고 그는 점차 실의에 빠졌다. 계속된 목표 미달로 사장한테 꾸중을 듣는 꿈까지 꾸었다. 결국 협심증, 신경쇠약증, 심한 두통에 시달렸고, 1년도 안 되어 건강상의 이유로 사직하게 되었다.

사장은 박 이사 승진 후 실적 미달에 대해 한마디도 질책하지 않았다. 다만 6개월이 지난 시점에서 도와줄 것이 있는지 그에게 물어본 것이 전부였다. 쾌속 승진이 그를 망쳤다는 소문이 회사에 퍼졌다.

이 사례에서 눈여겨볼 점은 누구도 박 이사에게 성과를 내라고 압박하지 않았다는 사실이다. 박 이사 스스로 심리적 무게를 견디지 못한 것이다. 그는 자신이 누리는 행복이 무척 소중했고, 자신의 책임에 충실하고자 했을 뿐이다. 그러나 그는 좀 더 긴 호흡으로 영업본부의 문제점을 해결했어야 했다.

무엇이 그를 그렇게 다그쳤을까? 자신에 대한 지나친 기대 아니었을까? 역설적이게도 그는 자신에 대한 믿음이 부족했다. 이른 시기에 고위직에 오른 자신의 능력에 대한 믿음이 없었다. 그와 같이 자신이 쌓아 온 훌륭한 경력과 명성이 허물어질지 모른다는 두려움 때문에 노심초사하다 자신의 능력을 충분히 발휘하지 못하는 사례를 나는 수차례 보았다. 자기효능감이 낮기 때문이었다. 수년째 챔피언 트로피를 빼앗긴 적이 없는 우수한 영업인, 최고의 팀플레이로 전설적인 성과를 기록 중인 영업부서의 관리자와 고위 임원들은 박 이사처럼 '낮은 자기효능감의 덫'에 걸려들기가 쉽다.

자기효능감이 낮으면 자신을 지나치게 무능한 사람으로 인식한다. 과거의 잦은 실패의 기억들이 새로운 도전을 방해한다. 사람들은 어떤 일에 여러 번 실패하고 나면 노력을 쓸데없는 짓이라 생각하고 새로운 시도를 포기한다. 그리고 자신을 쓸모없는 사람이라고 여기며 무엇을 하든 실패할 운명이라고 생각한다. 심리학자 마틴 셀리그만(Martin Seligman)은 이런 현상을 '학습된 무기력증'이라고 정의했다.

영업인이 이 증세에 빠지면 영업 활동을 하지 않으려 한다. 영업은 성공보다 실패가 많다. 온종일 다녀도, 심지어 일주일 혹은 열흘을 다녀도 성과가 없을 때가 있다. 열심히 했는데도 성과가 없으면 무기력증이 나타나는데, '나가 본들 아무 성과도 없는데 뭐 하러 나가냐'는 식으로 생각한다. 무기력증에서 헤어나지 못하면 할 수 있는 일이 아무것도 없다.

이처럼 아무것도 할 수 없는 무기력증을 느끼거나 새로운 일에 두려움을 느낀다면 자기효능감을 돌아봐야 한다. 지금껏 훌륭한 성공을 수차례 체험했지만 현재의 슬럼프를 벗어나기 위해 어디서부터 돌파구를 찾아야 할지 길이 보이지 않는다면 '나는 그동안 내 인생의 기본적인 도전을 잘 이겨내 왔다'고 자기 자신에게 말해 주어야 한다.

장기간 슬럼프에 빠진 영업인과 대화를 해보면 부진의 이유를 의외의 요소에서 찾는다는 사실을 알 수 있다. 그들은 실력이나 직무 전문성의 부족이라고 보지 않았다. 오히려 타성에 젖은 태도와 식어 버린 열의를 슬럼프의 원인이라고 고백한다. 여기에 한 가지를 덧붙인다면 무능력한 '나 자신에 대한 실망'이다. 즉, 자기기효능감 부족이 슬럼프의 원인이라는 것이다. 따라서 실적이 저조한 영업인은 우선 자기효능감을 점검해 볼 필요가 있다.

자기효능감은 주도적 행동과 관련이 깊다. 자기효능감이 높은 영업인은 영업이 진행되는 과정에서 주도성을 발휘한다. 물론 영업은 고객의 구매의사 결정 가능성을 높이는 것이기 때문에 주도권이 고객에게 있는 것처럼 보일 수도 있다. 그러나 영업 고수들 가운데 주도권이 고객에게 있다고 답한 이는 한 명도 없었다. 영업에서 주도권은 고객으로 하여금 영업인이 원하는 대로 선택할 수 있도록 판을 짜는 능력을 말한다. 잘 생각해 보라. 영업인은 고객과 만날 때 제품 소개, 제품 결정, 최종 구매에 이르기까지 자신이 제시하는 구매 조건을 고객이 선택하도록 유도할 수 있다. 고가의 제품을 구매하는 고객이라면 신중하고 분석적일 수밖에 없다. 다시 말해 고객은 보수적이고 수세적인 반면 영업인은 수를 던지고 상대의 입장에 유연하게 대응하는 공세적 위치에 서 있다. 그러므로 자기효능감으로 무장한 영업인은 상담을 주도적으로 이끌며 갈등 상황을 돌파하고 성공적인 협상을 이끌어 낸다.

또 다른 주도적 행동은 '계획을 세우는 것'이다. 영업인은 고객이 자기 발로 오도록 하는 것부터(물론 업종에 따라 찾아오는 고객을 만나면서 영업이 시작되는 경우도 있다) 모든 과정을 한발 앞서 계획할 수 있다. 유능한 영업인일수록 계획 없이 고객과 만나지 않는다. 이와 같이 준비된 영업인에게서 고객은 신뢰감과 기대감을 느낀다. 거래가 성사된 후에는 그 인연을 이어 가며 재구매가 이루어지도록 계획을 수립해야 한다. 사은품 제공, 정기적인 정보 발송, 고객 초청 이벤트, 주변의 잠재고객 소개 요청을 끊임없이 시도하며 새로운 구매 가능성을 높여야 한다.

당신이 만약 지금 슬럼프에 빠져 있다면 성공 경험을 생각해 보자.

자신에 대한 실망은 집어치우고 자기효능감을 회복하자. 당신은 그동안 지금보다 더 어려운 도전의 순간들을 잘 이겨 냈다. 그러니 지금 슬럼프도 슬기롭게 잘 이겨 낼 수 있다. 자, 다시 한 번 고객을 만나기 전에 계획을 세우고 주도적으로 이끌 수 있는 전략을 짜보자.

Chapter 3

자기호감

건강한 자기호감은 자신을 매력적으로 여기고 불필요한 가장(假裝)을 거부한다.

자신이 매력적이라고 생각한다면 스스로를 숨기지 않는 법이다. 그래서 개방적이고 자신에 대해 스스럼없이 이야기할 수 있다. 영업인의 열린 자세는 고객의 경계와 긴장을 누그러뜨려 그들로 하여금 자신의 이야기를 하게 한다. 자기호감이 높은 사람들과 이야기를 하다 보면 어느새 서로 많은 대화를 나누게 된다.

고객이 자신의 이야기를 많이 하도록 하면 판매 가능성은 그만큼 높아진다. 사람은 대개 자신의 신념이나 약속을 말하면 그에 맞게 행동하려는 심리가 있기 때문이다. 영업 고수는 고객이 말을 많이 할 만한 주제를 던진다. 고객이 자신의 경험이나 의견을 신나게 말할 때 영업인은 경청하면 된다. 이때 고객은 영업인과 나누는 대화에서 즐거움을 느낀다. 고객은 영업인과 헤어질 때 이렇게 말한다.

"김 과장님만 만나면 말이 많아지네요. 김 과장님은 참 묘한 매력이 있어요."

보험왕 토니 고든(Tony Gordon)이 쓴『보험왕 토니 고든의 세일즈 노트』에는 마음을 여는 질문법이 나온다. 꼭 영업하는 사람이 아니라도 배울 만하다. 사람은 누구나 자기에 대한 이야기를 하고 싶어 한다는 사실을 깨달은 고든은 고객을 만나면 질문으로 마음을 열었다. 예를 들어 사업에 성공한 고객을 만나면 이렇게 묻는다.

"사장님, 지금 이렇게 성공하셨는데 처음엔 어떻게 시작하셨나요?"

"지금 사업을 위해 맨 처음 어떤 식으로 시작하셨나요?"

사업에 성공한 사업가들은 자부심이 남달라 자기의 성공담을 이야기하고 싶어 한다. 그 욕구를 질문으로 자극해 고객이 말하게 하고, 영업인은 들으면서 고객의 정보를 알아낼 수 있다. 고객의 성공담이 이어질 때 고든은 다음과 같이 맞장구를 친다.

"그래서 어떻게 하셨나요?"

"어떻게 그렇게 하기로 결정하셨나요?"

"결과에 대해 만족하시나요?"

"전적으로 사장님의 노력으로 성공하셨나요? 아니면 누군가의 도움으로 성공하신 건가요?"

고객이 자신의 성공담을 마치려고 할 때 두 번째 질문을 한다.

"앞으로 어떤 방향으로 나가실 건가요?"

그러면 고객은 미래에 자신이 원하는 것, 자신이 열망하는 것, 자신의 희망과 포부를 말한다. 고객은 당신의 질문에 답변하면서 한껏 고무되고 이미 고객의 머릿속에 당신은 믿을 만한 사람으로 자리 잡는다.

건강한 자기호감을 가진 사람들의 또 다른 특성은 윤리성이다. 자기호감도가 높으면 자신을 거짓으로 가장하지 않는데, 이런 꾸밈없는 자기표현의 바탕에는 윤리성이 자리 잡고 있다. 어떤 영업인은 고객을 한번 거래하고 말 것처럼 대한다. 일회용으로 쓰고 버리는 '티슈 영업'이라고나 할까. 특정 고객을 다시 만나지 않을 사람처럼 여기는 것에는 그만한 이유가 있겠지만, 지금껏 만났던 영업 고수들은 대부분 고객을 오래 볼 사람으로 대하고자 노력한다고 일관되게 말했다. 속으로는 마음에 안 들거나 불편한 감정이 있더라도 고객에게는 '당신과 오랫동안 인연을 이어 가고 싶습니다'라는 인상을 끊임없이 심어 주는 것이다.

강희선이 쓴 『고객만족 끝장내기』에는 철도 재벌 릴런드 스탠포드 (Leland Stanford)가 처음 스탠포드대학교를 설립할 때의 이야기가 나온다. 영업인이 고객을 상대할 때 첫인상을 보고 가려 만나는 것이 얼마나 어리석은지 잘 알려 주고 있다.

어느 날 빛이 바랜 오래된 드레스를 입은 부인과 허름해 보이는 양복을 입은 신사가 하버드대학교 총장실을 방문해 총장님을 만나고 싶다고 했다. 비서는 그들 차림새를 보고는 바로 돌려보내기 위해 총장님은 오늘 부재중이라고 둘러댔다. 하지만 돌아가지 않고 오랜 시간을 기다리는 부부에게 결국 총장을 억지로 연결했고, 부부는 어렵게 총장을 만나게 되었다. 마지못해 부부를 만난 총장은 굳은 표정으로 그들을 맞이했다.

부인은 "하버드에 애정을 갖고 있는 아들이 있었는데 1년 전에 죽고 말았습니다. 그 아이가 이 학교를 너무 사랑했기에 캠퍼스에 기념물을 세우고 싶습니다"라고 제안했다. 그러자 총장은 "죽은 이를 위해 하버드에 동상을 세울 수는 없습니다"라며 퉁명스럽게 거절했다. 이어서 부인은 "저희는 하버드에 건물을 기증하고 싶은 것입니다"라고 다시 한 번 제안했다.

그러나 총장은 "건물을 짓는 데 얼마나 많은 비용이 드는지 알고 그런 얘기를 하고 계신가요? 여기 하버드에는 750만 달러나 되는 건물이 가득 차 있습니다" 하고 받아치며 이제야 부부를 돌려보낼 수 있겠다고 안심했다. 그런데 부인이 남편에게 "건물 하나를 짓는 데 750만 달러밖에 들지 않는다고요? 그렇다면 우리가 직접 대학을 하나 세우는 것이 좋겠네요" 하는 것이었다. 총장은 그들의 모습에 적잖은 충격을 받았다.

그 후 그들은 캘리포니아 팔로알토에 아들을 기념하기 위해 자기들 이름을 딴 스탠포드대학교를 설립했다.

'가려서' 고객을 분류하고 자신이 생각하기에 '통하는' 고객만을 만나는 영업인의 가망고객 명단은 점점 줄어들게 되어 있다. 요즘 고객들은 한 손에 상품 카탈로그를, 다른 한 손에는 핸드폰을 들고 쇼핑한다. SNS로 커뮤니티를 형성하고 자신이 받을 서비스 정보와 제조사가 주는 정보를 수집한다. 당장의 이익을 위해 고객 편에 서지 않으면 재구매는 고사하고, 사안에 따라서는 소속 회사의 이름에 먹칠을 하거나 법적 책임 문제를 일으킬 수도 있다.

오랫동안 왕성하게 영업을 하는 영업 달인들은 고객으로 하여금 '이 사람은 내 편에서 생각해 주는구나' 하는 느낌을 갖도록 한다. 고객 입장에 서서 어떻게 하면 좀 더 저렴하고 많은 서비스를 받도록 할 수 있을지 고민하는 자세는 사실 쉬운 일이 아니다. 필자는 프로 영업인으로서 자기 철학이 있어야 할 수 있는 용기 있는 결정이라고 생각한다. 이런 선택을 할 때 자기호감은 심리적 토양이 된다. 고객이 당장 손해를 입어도 나는야 관심 없고 이번 달 실적만 달성하면 그만이라고 생각한다면 스스로 생각하기에 매력적인 영업인이라고 볼 수 있겠는가.

건강한 자존감은 이타적 영업을 하도록 이끌어 주며, 역으로 이타적 영업은 자존감의 건강도를 높여 준다. 자존감과 자존감을 토대로 드러나는 행동은 서로 영향을 주고받는다. 그와는 반대로 고객의 손해에 지그시 눈을 감는 영업인의 자존감은 점차 손상될 수밖에 없다. 이런 경험을 반복하면 영업인의 정신은 피폐해지고 만다.

이제 분명해졌다. 자기를 사랑해야 남도 사랑할 수 있다. 자기호감도를 높여 자신을 매력적인 영업인으로 여긴다면 세상의 누구라도 매력적이지 않은 고객은 없다. 고객을 가려서 만나지 말라. 가능하다면 모든 고객으로 하여금 당신이 자기편이라는 생각을 갖게 하라.

Chapter 4

건강한 자존감의 특징

건강한 자존감을 가진 사람은 다른 사람의 자존감도 존중한다.

건강한 자존감을 가진 사람은 묘한 매력이 있다. 대체로 다른 사람에게 호의적이고 개방적이다. 주변 사람들은 그를 친절하고 따뜻한 사람으로 생각한다. 그렇게 행동하는 심리적 이유를 따져 보면 자기 자신을 충분히 존중하는 자존감이 있기 때문이다. 건강한 자존감을 가진 사람은 다른 사람이 자신을 충분히 존중해 주지 않더라도 과도하게 마음을 두지 않는다. 그리고 자신의 자존감이 소중한 만큼 다른 사람의 자존감도 가볍게 대하지 않는다. 건강한 자존감을 소유한 사람의 사고방식은 다음과 같다.

그들은 합리적이다. 사물을 이해하고 정보를 판단하는 과정은 단순하고 명확하다. 합리성은 모순을 거부하는 특성이 있는데, 예를 들면 '저것은 어떠하다'와 '저것은 어떠하지 않다'는 모순되는 진술을 거부하는 것이다. 건강한 자존감은 그런 모순에 대해 진실이 아니라고 솔직히 말하게 한다. 반면 건강하지 못한 자존감을 가진 사람들은 다양한 이유로(예를 들면, 모순이라고 말했을 때의 불편한 상황 등) 정확하게 의사를 표하지 않거나, 때로는 그럴듯한 근거를 들어 자신을 속여 거짓을 진실로 받아들인다. 이를테면 '분명히 진실이 아니지만, 아마 내가 모르는 뭔가 중요한 이유가 있을 테니 진실로 받아들이자'라고 생각한다.

그들은 현실적이다. 이는 앞에서 이야기한 합리성에서 연유한다. 과소평가하거나 과대평가하지 않는다. 있는 그대로 정보를 분석하고, 가감 없이 사실적으로 판단한다.

그들은 높은 직관력과 창의력을 갖고 있다. 내면에서 들려오는 직관의 소리에 민감하다. 그 소리와 신호를 따라 행동해서 좋은 결과를 얻은 경험이 있기 때문이다. 창의성은 주변의 상황과 거리를 두고 생각하는 '사고의 독립성'과 관련이 깊다.

그들은 유연하다. 이는 합리성과 현실주의에 근거한다. 과거의 경험에 얽매이지 않고, 그 당시의 상황이 주는 정보를 냉정하게 판단해서 적절하게 변화를 줄 수 있다.

건강한 자존감을 가진 사람은 이와 같은 사고방식을 바탕으로 다음과 같이 행동한다.

첫째, 건강한 자존감을 가진 사람의 자기인식은 긍정적인 정보를 근거로 한다. 즉, 나와 관련 있는 긍정적 사실에 집중한다. 모든 사람의 삶에는 긍정적인 사실과 부정적인 사실이 골고루 존재한다. 예를 들어 많은 자녀를 두었다면 다복하다고 여길 수도 있지만 그만큼 사건과 사고도 많다. 안정적이고 전망 좋은 회사에 다니지만 치열한 경쟁을 감수해야 할 수도 있다. 영업인으로서 많은 업체를 관리하지만 그중 최근 매출이 좋지 않은 곳이 많을 수도 있다.

이때 어떤 사람은 긍정적 사실을 더 크게 보고, 어떤 사람은 부정적 사실에 더 의미를 부여한다. 건강한 자존감을 가진 사람은 긍정적 사실에 집중해 이런 식으로 생각한다.

- 자녀가 많은 만큼 좋은 일도 많이 생기니 얼마나 행복한가.
- 안정적이고 전망 좋은 회사에 다니니 더 많은 기회를 얻을 수 있을 거야.
- 이 많은 업체 중에 몇 회사는 반드시 실적이 회복될 거야. 그때가 되면 정말 대박이겠는걸.

기본적으로 긍정적 사실에 집중하는 습관은 여러 상황을 대하는 감정을 밝고 환하게 만든다. 긍정을 상상하면 기분이 좋아지고 의욕이 생긴다. 문제에 좀 더 적극적으로 임하게 하는 동기도 커진다. 부정적인 사실을 붙잡고 고민하면 우리의 감정에는 먹구름이 드리운다. 굳이 그럴 필요가 있겠는가. 미국의 작가이자 칼럼니스트인 토머스 프리드먼(Thomas Friedman)은 이렇게 말했다.

> 비관론자는 대체로 옳고, 낙관론자는 대체로 그르다. 그러나 대부분의 위대한 변화는 낙관론자가 이룬다.

긍정적 요소에 주목하면서 감사하는 태도를 취하면 우리 마음은 더욱 밝아진다. 필자는 자존감 워크숍을 진행하면서 '3 Good Things'라는 활동을 하는데, 이는 '지금 가장 감사하다고 여기는 세 가지 사실을 찾아보고 발표하는 활동'이다. 이 활동에는 묘한 힘이 있다. 당연히 여기던 사실에 감사를 더하면 그 사실은 행복으로 변한다. 긍정적 요소를 찾아내 감사를 표하면서 긍정의 에너지를 주변에 퍼뜨리는 사람을 누가 싫어하겠는가. 그런 영업인에게 고객들이 모여들고, 계약 체결, 판매 성사, 감사 표현 같은 행복 체험은 다시 긍정적 마인드에 영향을 주는 선순환이 일어난다. 반면 건강하지 못한 자존감을 가진 사람은 부족하다, 빈약하다, 미흡하다 등의 부정적인 정보에 주목하다 보니 긍정의 에너지를 얻지 못한다.

둘째, 다른 사람의 부정적 행동에 지나치게 집착하지 않는다. 영업인처럼 감정노동을 하는 사람이 또 있을까. 감정노동은 일반적으로 조직의 목적(일반적으로 금전적 이익)을 위해 자신의 솔직한 감정을 숨기고 다른 감정을 표출하는 일이다. 지나친 감정노동을 장시간 지속하면 분노, 우울증, 불면, 호흡곤란, 환청 같은 심각한 심신의 병적 증상을 보일 수도 있다.

건강한 자존감을 가진 사람은 악의적인 고객의 언행에서도 자신을 적당히 분리해 거리를 둔다. 만약 자신의 잘못으로 문제가 발생했다면 고객에게 진심으로 사과하고 양해를 구한다. 보통 자신의 잘못을 사과하는 행위에서는 지나친 스트레스를 받지 않는다. 왜냐하면 스스로 사과와 양해를 구하는 행동의 당위성을 인정하기 때문이다. 문제는 자기 책임이 아닌 일에 고객이 지나친 불만을 나타내는 경우다. 물론 쉽지 않지만 이때 고객의 부정적인 감정 표출에 자신을 연결하지 않는 의도적인 생각의 연습이 필요하다. 그런 상황이 발생했을 때 조용히 이 말을 따라해 보라.

"이건 나와는 관련 없는 얘기다."

보험 영업에서 탁월한 성과를 낸 한 영업인이 처음 영업을 할 때 겪은 이야기를 들어 보자. 그 당시 웬만한 사무실 출입문에는 '잡상인 출입금지'라는 푯말이 붙어 있었다. 스타킹, 양말, 속옷부터 빗자루나 대걸레, 찹쌀떡 판매상까지 드나드는 시절이었으니 그럴 만도 했다. 하루는 어느 사무실을 방문했는데 문 앞에 앉아 있는 여직원이 큰소리로 "아저씨, 잡상인 출입금지라고 붙여 놓은 거 못 보셨어요?" 하는 게 아닌가. 자존감이 부족한 영업인이라면 얼굴을 붉히며 그냥 나왔을 텐데 그는 이렇게 대꾸했다.

"건강과 생명을 책임지는 잡상인도 있습니까?"

반면 건강하지 못한 자존감을 가진 사람은 고객의 부정적 감정 표현을 '나에 대한 일'로 받아들인다. 그 결과 분노, 원망, 억울함, 두려움 같은 부정적 감정을 드러낸다. 매스컴에 가끔 등장하는 서비스 종사자와 고객 사이에 일어나는 분쟁이 그런 사례다. 다만 이 경우 몹시 악의적인 악성 고객에 대해서는 일정한 원칙을 갖고 대응하는 가이드라인이 필요하다. 악의적인 고객의 행동이 영업인이 감내할 수 있는 범위를 벗어난다면 그 가이드라인을 따라야 한다.

셋째, 건강한 자존감을 가진 사람은 대체로 다른 사람의 자존감도 존중한다. 건강한 자존감은 이타적 행동을 하게 한다. 내면에서 충분한 자기 수용이 있기 때문에 다른 사람을 용납할 수 있는 관용의 폭이 넓다. 사람들은 건강한 자존감을 가진 사람한테서 존중과 수용을 경험하기 때문에 그에게 좀 더 다가가고 싶어 한다. 건강한 자존감을 가진 사람들은 보통 다른 사람이 자신의 자존감에 상처를 주었던 불쾌한 자극을 기억한다. 자존감에 대한 주의력이 있기 때문이다. 그리고 자신이 경험했던 그 고통을 다른 사람에게는 주지 않으려고 노력한다. 건강한 자존감을 가진 사람들은 긍정적 에너지를 세상에 퍼뜨리는 샘의 근원과도 같다.

자존감의 건강 상태가 비슷한 사람들끼리는 더욱 가까워지는 경향이 있다. 그들은 본능적으로 서로 끌리게 되어 있다. 높은 자존감을 가진 사람들 사이에는 상대를 향한 존중과 인정의 상호작용이 자연스럽게 일어난다. 반면 건강하지 못한 자존감을 가진 사람들은 서로에 대한 묘한 동병상련을 느낀다. 주변 사람들에게 받아들여지지 못했던 거절의 쓰라림과 원망의 감정들을 공유하면서 공감하고 위로한다.

그러나 안타깝게도 자존감이 낮은 사람들 간의 배려는 일시적인 위안은 될 수 있으나 시간이 지나도 건강한 자존감에 이르지 못할 가능성이 크다. 건강하지 못한 자존감이 베푸는 배려와 호의에는 일정한 제한이 있기 때문이다.

건강한 자존감을 지닌 영업인은 자기 자신에 대해 늘 긍정적으로 생각한다. 다른 사람의 부정적인 행동에는 지나치게 집착하지 않는다. 뿐만 아니라 다른 사람의 자존감도 존중한다. 당연히 주변에 사람이 모인다. 한번 고객은 영원한 고객이 된다.

Chapter 5

자존감과 일

건강한 자존감은 당당하게 도전할 용기를 준다.

다소 어려운 과제를 자존감이 건강한 직원과 그렇지 못한 직원에게 부여하면 다른 반응을 보이게 마련이다. 대부분의 건강하지 못한 직원은 먼저 어떻게 하면 실패하지 않을까를 고민한다. 그리고 과거의 업무 기록들을 살펴본 후, 실패하지 않을 안전한 방법을 찾아내려 한다. 그러나 안타깝게도 그런 시도가 기대대로 늘 성공하지는 않는다. 왜냐하면 많은 경우 현 상황은 과거와 다르기 때문이다. 반면 건강한 자존감을 가진 직원은 어떻게 하면 더 큰 성공을 거둘지를 고민한다.

자존감은 이렇게 문제를 대하는 태도를 결정한다. 자존감이 부족한 사람은 문제를 대할 때 실패할 수도 있다는 생각에 두려워한다. 반면 자존감이 높은 사람은 성공의 기회로 문제를 대한다. 두려운 감정으로 일을 대한다면 일터는 긴장의 공간이고, 일은 회피의 대상이다. 실패만 하지 않으면 된다는 소극적인 생각으로 의욕이 위축되어 자신의 능력을 발휘할 그 어떤 방법도 시도하지 않는다. 자신의 의견을 당당히 말할 욕구도 없다. 결국 자존감은 점점 낮아지고 존재감은 줄어든다. 이런 사람들에게는 일에 대한 헌신과 몰입을 요구하기 이전에 먼저 자존감을 성찰할 기회를 주어야 한다.

　반면 자존감이 높은 사람은 자신이 맡은 어려운 과제를 성공을 위한 기회로 여긴다. 긴장 속에서도 성공에 대한 흥분으로 일에 달려든다. 가끔 상사와 갈등이 있을 수도 있다. 그러나 그렇게 염려할 필요는 없다. 이 갈등은 더 나은 결과를 낳기 위한 과정이다. 문제는 이 갈등 상황에서 이들이 보이는 태도와 반응이다. 이들은 자신의 생각을 당당히 말하고, 상사로부터 코칭을 받거나 상사를 설득해 적절한 대안을 찾아낸다. 이런 과정을 겪으면서 문제를 해결하는 능력은 더욱 커질 수밖에 없다. 건강한 자존감이 있기에 가능한 일이다.

　오리 브래프먼(Ori Brafman)과 롬 브래프먼(Rom Brafman) 형제가 쓴 『클릭』에는 자존감이 높은 사람들과 낮은 사람들이 조직의 성공에 어떤 영향을 끼치는지 연구한 사례가 다음과 같이 나온다.

심리학자 키스 머니건(Keith Murnighan)과 도널드 콘론(Donald Conlon)
은 현악 4중주 팀들을 대상으로 조직 내의 역동적인 상호교류에 대해 연
구했다. 왜 어떤 4중주 팀은 성공하는 반면 어떤 팀은 성공하지 못할까?
그들은 이 질문의 해답을 찾고 싶었다. 현악 4중주 팀은 제1 바이올리니
스트, 제2 바이올리니스트, 비올리스트, 첼리스트로 구성되지만 지휘자
가 따로 있지 않다.

현악 4중주 팀은 거의 매일 6시간씩 좁은 연습실에서 지낸다. 그리고 연
습을 하는 동안 연주 기법과 곡 해석에 대해 끊임없이 의견을 주고받는
다. 지휘자가 없기 때문에 연습 도중에 발생하는 문제는 모두 합의에 의
해 해결해야만 한다. 그만큼 다른 형태의 연주 팀보다 인간관계가 대단
히 중요하다.

머니건과 콘론은 티켓 가격, 앨범 판매량, 공연 횟수, 6개월간 신문 및 잡
지 기사 수, 평론가들의 평점을 기준으로 다양한 4중주 팀을 비교 평가했
다. 그 결과 극심한 양극화 현상이 드러났다. 어떤 팀은 좋은 성과를 올리
고 어느 팀은 간신히 명맥만 유지하는 수준이었다. 성공과 실패, 부와 가
난은 있으나 중간은 없다. 성공적인 4중주 팀은 평소 다른 단원들의 의
견을 존중하고 서로를 격려한다. 문제가 발생했을 때 충돌을 두려워하지

않는다. 물론 감정적이고 사적인 충돌이 아니라 더 완벽한 연주를 위한 긍정적 충돌이었다.

성공적이지 않은 팀은 단지 업무적인 태도로 연습을 하고 연주를 한다. 상호 예의 바르게 행동하고 있었지만 의사 개진이나 토론에는 매우 소극적이었다. 문제가 발생해도 충돌을 회피하고 논쟁을 벌이는 경우가 거의 없다. 모두 곡 해석과 연주 방식에서 자기의 주장이 제대로 받아들여지지 않는다는 동일한 불만을 갖고 있었다. 그렇다 보니 리허설 때에는 전체적인 의견에 따라 연주를 하다가도 실제 공연에서는 원래 자신의 의도대로 연주하는 모습이 종종 보인다. 그 결과 관객들은 전체적으로 조화롭고 잘 다듬어진 연주라는 느낌을 받지 못한다.

성공적인 팀의 팀원은 자존감이 높은 사람들이다. 반면 성공적이지 못한 팀의 팀원은 자존감이 낮은 사람들이다. 그 결과 상호 의사소통에까지 영향을 미친다. 낮은 자존감으로 조직이 경직되어 하고 싶은 말을 잘 못하거나, 올바른 방법이나 대안을 찾기 위한 토론도 없이 일방적으로 의사결정이 전달된다면 일할 마음을 잃기 마련이다.

건강한 자존감을 가진 사람들은 일반적으로 솔직하고 숨기는 것을 싫어한다. 특히 조직에서 납득할 수 없는 부조리나 관행이라는 이유로 뭔가를 강요한다면 그들은 그 논리에 계속해서 의문을 제기할 것이고,

만약 그들이 제기하는 의문이 충분히 해소되지 않는다면 그들은 조직을 떠날 수도 있다. 조직 차원에서 인재를 잃게 되는 것이다.

일반적으로 '문제'라고 여겨지는 불안의 그림자는 벗어나고자 할수록 더욱 커지는 법이다. 그 도전을 당당히 받아들이는 용기를 북돋워 주는 것이 건강한 자존감이다.

자존감 자가 진단

자존감의 건강한 변화는 정확한 진단에서 시작된다. 경영학의 아버지라 불리는 피터 드러커(Peter F. Drucker)는 "잴 수 없다면 개선할 수 없다"라고 했다. 환자가 의사를 찾아가려면 자신에게 병이 있다는 사실을 인정해야 한다. 정확한 현상 파악이 되지 않는다면 개선은 운에 맡길 수밖에 없다.

자존감은 자신에 대한 인식에 근거한다. 다음은 로젠버그(Rosenberg)의 자존감 설문지(Self-Esteem Questionnaire, SEQ)를 번안한 것이다. 자가 진단을 한 번 해보기 바란다.

자존감 자가 진단

전혀 그렇지 않다: 1점, 보통이다: 2점, 대체로 그렇다: 3점, 항상 그렇다: 4점

1. 나는 내가 다른 사람들처럼 가치 있는 사람이라고 생각한다.
2. 나는 좋은 성품을 가졌다고 생각한다.
3. 나는 대체적으로 성공한 사람이라는 느낌이 든다.
4. 나는 대부분의 다른 사람들과 같이 일을 잘할 수 있다.
5. 나는 자랑할 것이 많다.
6. 나는 나 자신에 대해 긍정적인 태도를 갖고 있다.
7. 나는 나 자신에 대해 대체로 만족한다.
8. 나는 나 자신이 존경스러울 때가 가끔 있다.
9. 나는 나 자신이 쓸모없는 사람이라고 생각하지 않는다.
10. 나는 때때로 내가 좋은 사람이라고 생각한다.

〈합계 점수의 해석〉
* 총 30점이 넘으면 건강한 자존감을 갖고 있다고 볼 수 있다.
* 총 20점 미만이라면 건강한 자존감을 위한 집중적인 노력이 필요하다.

PART 03

자기존중과 영업

고객의 구매욕구를 자극하기 위해서는

영업인의 자기확신과 자신감과 매력이 작용해야 한다.

건강한 자존감은 영업인의 내면의 동기와

의욕을 든든히 받쳐 준다.

건강한 자존감을 빼고

영업인의 뜨거운 열정을 논한다는 것은 불가능하다.

Chapter 1

영업인의 자존감

건강한 자존감은 영업 성과를 내는 데 필수적 조건이다.

고성과 영업인은 자신의 일에 자부심이 넘친다. 사회와 고객에게 도움을 준다는 사명감까지 지녔다. 자존감이 충분한 영업인은 이처럼 자부심과 사명감으로 영업을 하며 결국 고성과를 만들어낸다. 그렇다면 영업인이 꼭 챙겨야 하는 자존감은 구체적으로 무엇을 의미할까?

자존감의 중요한 요소는 2장에서 구체적으로 살펴본 것처럼 자기존중감, 자기효능감, 자기호감이다. 영업인에게 적용해 본다면 다음 세 가지 질문으로 정리할 수 있다. 당신은 이 질문에 솔직하게 답할 필요가 있다.

- 하나, 영업인으로서 나는 자랑스러운가?
- 둘, 영업인으로서 나는 유능한가?
- 셋, 영업인으로서 나는 매력적인가?

첫 질문부터 살펴보자. 자기존중감은 '나는 인생의 행복을 누릴 자격이 충분히 있다는 믿음'인데, 만약 당신이 영업인으로서 그런 자격이 있다면 당연히 행복을 누려야 한다. 만약 행복을 누리지 못한다면 어디서 원인을 찾아야 할까? 우선 '영업의 본질'을 생각해 봐야 할 것이다. 영업의 본질은 자신이 취급하는 서비스와 상품으로 고객에게 만족을 주는 것이다. 나아가 고객 수를 늘려 더욱 많은 고객에게 인정받고 그 결과 금전적 보상을 높여 자아를 실현하는 것이다. 영업을 하면서 '먹고살 길이 없어 남에게 굽실거리고 비위 맞추며 산다'고 생각한다면 이미 영업의 본질을 상실한 것이다. 바닥 수준의 비참한 자존감이 그런 생각을 하도록 만든다. '어쩔 수 없이' 영업하는 사람만큼 불쌍한 영업인이 있을까?

모든 상품과 서비스는 존재하는 이유가 있다. 바로 사용자에게 혜택을 주려는 것이다. 즉, 세상에 존재하는 모든 서비스와 상품은 그 자체가 이타적 고민의 산물이라는 뜻이다. 영업은 그런 이타적 고민의 산물을 다른 사람에게 권하고 그 정당한 대가를 보상으로 받는 일이다. 따라서 자신이 취급하는 상품이나 서비스에 자신감이 있어야 한다.

자존감 관점에서 본다면 영업을 하는 당신은 행복을 누리기에 충분할 만큼 수고하는 사람이다. 자기존중감을 누릴 자격이 충분하다는 뜻이다. 자기비하와 패배의식에 사로잡혀 있는 영업인이 권하는 상품과 서비스는 어떤 고객이라도 사고 싶지 않을 것이다. 이미 그 영업인이 매력적으로 느껴지지 않기 때문에 그가 취급하는 상품에까지 부정적 이미지가 투영된다. 같은 매점 가판대라도 영업인에 따라 실적에 차이가 나는 이유는 그들이 보여 주는 이미지와 에너지가 다르기 때문이다. 자기존중감이 높은 영업인은 "왜 이런 좋은 물건을 사지 않죠? 이 물건을 쓰지 않으면 손해가 많아요"라고 당당하게 말한다.

두 번째 질문은 자기효능감에 대한 것이다. 자기효능감은 '자기 인생의 기본적인 도전을 감당할 능력이 있다는 믿음'이다. 자기효능감이 있는 사람은 살아가면서 부딪치는 여러 가지 문제에 대해 해결하려는 의욕을 느낀다.

일반적으로 자기효능감은 과거의 성공 체험에서 그 근거를 찾기 때문에 자신의 영업 현장에서 경험한 성공과 실패 사례를 꼼꼼히 살펴볼 필요가 있다. 주변에서 고성과를 만들어 내는 영업인들의 공통점은 반드시 '복기(復碁)'할 시간을 갖는다는 점이다. 자신의 영업 활동을 되짚어 보며 '이 경우 성공 요인은 무엇이었을까? 실패 이유는 무엇이었을까? 어떻게 하면 그런 실수를 다시 안 할까?'를 질문하며 그 경험을 되새긴다. 대개 시간이 지날수록 복기의 경험이 축적되기 때문에 경력이 쌓일수록 더 나은 성과를 거두게 된다. 이런 복기의 경험을 축적하면 어떤 고객을 만나든, 어떤 상황에 맞닥뜨리든 당황하지 않고 거래에 성공하기 마련이다.

자기효능감을 높이려면 지속적인 공부가 필요하다. 지식은 머리를 쓰는 차원의 일로, 자신이 가고자 하는 분야에 관해 이론적인 지식을 쌓아야 한다. 직업이 연구원이라면 너무나 당연한 일이지만 직장인이나 자영업자라도 자기 분야의 전문가가 되려면 지속적으로 공부해야 한다. 무슨 일을 하든지 그 분야에는 늘 새로운 지식이 생겨나기 때문이다.

기술은 몸을 쓰는 차원의 일이다. 예술이나 체육 분야에서 최고가 되고자 한다면 역량을 키우기 위해 연습을 해야 한다. 외과 의사라면 수술을 위해 손을 움직이는 기술을 연습해야 한다. 치과 의사도 마찬가지다. 요리사, 악기 연주자, 가수, 자동차 정비공처럼 기술을 향상시켜야 하는 분야는 셀 수 없이 많다. 축구선수 이영표나 야구선수 이승엽이 연습 벌레라는 사실은 모두가 알고 있다. 유명한 요리사의 눈물겨운 이야기를 한두 번은 들어 보았을 것이다. 전문가들은 기술을 더 향상시키려면 타고난 재능보다는 '신중하게 계획된 심층 연습'이 중요하다고 말한다.

심층 연습은 지루한 반복 과정이다. 농구선수가 자유투를 연습한다고 상상해 보자. 이 농구선수의 목적은 자기가 던진 공이 정확하게 골대를 통과하는 것이다. 이 목적을 성취하기 위해 선수는 공을 던진다. 공을 던지고 나면 자기가 던진 공이 얼마만큼 벗어났는지 알 수 있다. 골대에서 벗어난 정도, 즉 이 차이를 좁히는 일이 이 훈련의 목적이다. 이런 과정을 반복하다 보면 정확하게 공을 넣을 수 있다. 이때 동작과 감각을 인지해 그대로 반복한다면 이제 선수의 근육이 그 동작을 외우게 되고 공을 던질 때마다 득점할 수 있는 경지에 이르게 된다.

여기서 중요한 사실이 한 가지 있다. 공을 넣는 동작을 과연 근육이 기억할 수 있을까 하는 문제다. 근육은 기억하지 못한다. 뇌가 기억하는 것이다. 근육이나 우리의 몸은 단지 뇌의 명령에 따라 움직일 뿐이다. 이런 과정을 제대로 이해하기 위해 뇌 과학으로 관심을 잠깐 돌려보자.

미국의 작가 대니얼 코일(Daniel Coyle)은 심층 연습을 반복했을 때 어떻게 기술을 연마할 수 있는지 밝히기 위해 뇌 속에 있는 미엘린

(myelin)이라는 물질에 관심을 가졌다. 코일은 여러 뇌신경학자들의 연구 결과를 검토하며 미엘린의 놀라운 능력을 자신의 저서『탤런트 코드』에서 이렇게 설명하고 있다.

> 인간의 모든 동작, 사고, 감정은 신경섬유 회로인 뉴런 사슬을 통해 정확한 타이밍에 맞춰 이동하는 미세한 전기신호다. 미엘린은 그런 신경섬유를 감싸고 있는 절연 물질로서 신호의 강도, 속도, 정확도를 높여 준다. 즉, 미엘린은 절연용 검정 테이프처럼 신경섬유 주위를 감싸고 있는 고밀도 지방질로서 전기 자극이 새어 나가지 못하도록 막는 역할을 한다. 특정한 회로에 신호가 많이 발사될수록 미엘린은 해당 회로를 더 완벽하게 최적화하며, 결과적으로 우리가 하는 동작과 사고의 강도, 속도, 정확도는 더욱 향상된다.

농구선수가 골대에 공을 넣기 위해 던지는 동작은 뉴런 사슬을 따라 신호가 전달되어 팔이 움직여야 가능하다. 이때 신호를 정확히 전달할 수 있도록 뉴런 사슬을 감싸고 있는 물질이 미엘린이다. 미엘린이 더욱 두껍게 뉴런 사슬을 감싸고 있을수록 더 정확한 신호를 보낼 수 있다. 미엘린을 두껍게 만들어 신호를 더욱 정확하게 전달하려면 반복 연습밖에 방법이 없다. 그러니까 농구선수가 공을 넣는 동작을 반복적으로 연습할수록 미엘린의 두께는 두꺼워지고 더욱 정확한 신호를 보내게 되어서 오차 없이 공을 넣을 수 있는 것이다.

당신이 하는 일에 몸으로 하는 기술이 필요하다면 미엘린을 두껍게 만들기 위한 연습을 해야 한다. 전문가와 평범한 사람의 차이점은 더 높은 성과를 내기 위해 '신중하게 계획된 연습'을 얼마나 오랫동안 했는지에 의해 좌우된다. 신중하게 계획된 연습 단계는 다음과 같다. 실천해 볼 만하다.

- **1단계**: 성과를 높이려는 목적으로 설계한다. 특별히 개선해야 할 필요가 있는 특정 부분을 예리하게 찾아내 그 부분만 집중적으로 훈련하는 것이다. 단지 과거에 해오던 일을 반복하면 이미 예전에 도달한 수준을 유지할 뿐이다. 위대한 성과자들은 자기가 하는 활동의 전 과정에서 특정 부분만 따로 떼어 그 연습에만 집중한다. 그 부분의 실력이 향상되면 다음으로 넘어간다.
- **2단계**: 수없이 반복해서 연습한다. 연습의 목적은 성장하는 데 있다. 단순히 반복하는 연습은 그다지 효과적이지 않다. 신중하게 계획된 연습은 성장 영역에서 필요한 적절한 연습을 선택하고 반복적으로 실행하는 것이다. 최고의 성과자들은 한도를 정하는 것이 무의미할 정도로 같은 연습을 반복한다.

- **3단계**: 끊임없이 결과에 피드백을 받는다. 어떤 기술이든 연습할 수
  는 있지만 그 효과를 확인하지 못하면 성과를 향상시킬 수 없다. 즉,
  연습이 제대로 되었는지 알아야 하는 것이다. 교사나 코치, 멘토의
  피드백이 반드시 필요한 이유다.

잘하지 못하는 부분을 찾아내 수없이 반복하는 '신중하게 계획된 심층 연습'은 재미없고 고통스럽다. 그러다 보니 정신적으로 무척 힘들다. 포춘 지의 편집장 제프 콜빈(Geoff Colvin)은 신중하게 계획된 연습이 힘들고 지루하다는 사실이 확실히 희소식이라고 말한다. 사람들이 그런 연습을 하지 않기 때문이다. 당신이 신중하게 계획된 연습을 하겠다고 마음먹는 순간, 당신은 그만큼 차별화한 존재가 될 수 있다.

세 번째 질문은 자기호감에 대한 것이다. 자신을 매력적인 영업인으로 느낀다는 것은 산뜻한 외모나 매력적인 이미지와는 차원이 다른 이야기다. 이는 스스로 느끼는 당당함과 행복감에서 연유한다. 그런 감정이 자신을 매력적인 존재로 여기게 한다. 어려운 협상 과정을 거쳐 성공적인 거래를 한 후 우연히 거울 속에 비친 자신을 발견했다고 상상해 보자. 흔들림 없는 신념으로 위기를 넘기고 지혜를 동원해 고객을 설득한 자신을 발견할 것이다. 고객의 미소와 함께 악수를 나눴던 멋진 장

면을 기억할 것이다. 이 매력은 어디서 생기는 것일까?

일한 만큼 보상받는 시스템이 좋고, 꾸준히 나를 찾아 주는 고객들이 진심으로 감사하다면 영업은 절대 놓지 못할 자신의 천직이 된다. 행복한 영업인이 되기를 원한다면 건강한 자존감을 지닌 영업인의 매력을 나의 것으로 만들어야 한다. 당신이 꿈꾸는 자부심 높은 영업인, 자신감 넘치는 영업인, 매력적인 영업인이 되고자 한다면 그동안 간과했던 자신의 자존감을 살펴보아야 한다.

Chapter 2

건강한 자기존중감과 사교성

자기존중감은 고객에게 다가가 호의를 베풀게 한다.

건강한 자기존중감은 사교적이고 원활한 소통을 촉진하는 행동으로 나타난다. 자부심을 느끼며 일하는 과정에서 생긴 행복감은 자연스럽게 사교적 행동을 부추긴다. 사실 다른 사람과 관계를 맺는 데 서툴거나 관계를 이어 가는 데 불편한 이유는 타고난 성격 때문이기도 하지만, 이는 부분적인 문제일 뿐이다. 성격보다는 건강한 자기존중감과 관련이 깊다. 자신에 대한 충분한 수용은 심리적 안정감과 여유를 갖게 하고 이는 다른 사람에게까지 전달된다. 높은 자기존중감을 지닌 영업인은 다음과 같이 행동한다.

- 고객에게 관심을 갖고 먼저 다가가 말을 건다.
- 상품의 특징과 편익을 적극적으로 설명한다.
- 고객의 의견을 경청하고 중요하게 다룬다.

높은 자기존중감이 만들어 낸 충분한 자기 수용은 다른 사람을 둘러보는 여유를 갖게 한다. 고객에게 사소하게 건네는 짧지만 진정성 담긴 인사가 고객의 마음을 열게 한다. 이런 영업인의 행동은 고객의 자기존중감을 높여 준다. 고객으로 하여금 자신이 가치 있는 존재라고 느끼도록 하며, 자신의 판단에 긍지와 자부심을 갖게 한다. 상품에 관심을 표하게 하고, 적극적으로 소통할 가능성을 키운다.

김순열(가명) 부장은 건강기능식품과 화장품을 방문판매하는 영업인이다. 김 부장이 매달 고액의 매출을 달성하는 이유는 고객에게 관심을 갖고 먼저 다가가 말을 거는 사교성 때문이다. 어느 날 김 부장이 고객을 만나기 위해 차를 타고 막 출발하려는데 사무실 앞의 식당 앞에 임신부가 서 있었다. 만삭의 임신부는 아이가 곧 나올 것처럼 배가 불러 있었다. 임신부의 피부가 좋을 리 없었다. 김 부장은 자신이 갖고 있는 상품 카탈로그를 한 장 주면서 "늦둥이 가졌나 봐요?" 하고 말을 거는 질문을 했다. 그녀는 "늦둥이도 한참 늦둥이죠" 하면서 식당을 시작하자마자 애가 생겼다고 답했다. 이런 순간이 중요하다. 놓치면 프로가 아니다.

"어머, 그러세요? 그럼 복덩이를 가진 거네요. 앞으로 식당이 대박 날 거예요."

이 한마디로 가망고객이 느꼈을 기분을 생각해 보라. 당신이라면 기분이 좋지 않겠는가? 그 가망고객은 "그렇지 않아도 그동안 날이 춥고 몸이 무거워 화장품을 사러 나오지 못했는데 잘됐네요"라고 하면서 기초 화장품을 세트로 구입했다. 김 부장의 사교성이 기회를 제공한 것이다. 이처럼 자존감을 바탕으로 하는 사교성은 영업을 할 때 기회의 문을 활짝 열어 주는 열쇠가 된다.

소설가 조지 매튜 아담스(George Matthew Adams)는 "아무리 위대하고 유명하고 성공했다 할지라도 누구나 찬사에 굶주려 있다. 어느 누구도 칭찬 없이 살아갈 수 없다"라고 말했다. 세상에는 칭찬과 격려가 없어도 될 만큼 부자인 사람도 없고, 반대로 칭찬과 격려도 못할 만큼 빈궁한 사람도 없다. 주변에서 고성과를 내는 영업인들은 감동을 주는 진정성을 사교적 행동에 담아 전달한다. 그들이 말하는 실제 이야기들을 들어 보자.

상담 후에는 고객의 상세 정보를 꼼꼼하게 적어 놓습니다. 고객과 만난 직후 고객이 입은 옷, 함께 만난 일행의 정보들, 그날의 대화 내용을 모두 정리해 둡니다. 다음에 다시 만날 때 그 정보들을 둘러보고 고객을 만나 대화를 나누면 대부분 깜짝 놀랍니다.

매일 찾는 단골 목욕탕에서도 저는 늘 주변을 살핍니다. 혹시 혼자 등을 미느라 불편한 사람이 없는지 찾습니다. 서로 등을 밀어 주다 보면 진솔한 이야기를 나누게 됩니다. 저는 그분들이 사업이나 관심사에 관한 이야기를 할 때 경청하면서 진심으로 공감해 주었습니다. 얼마 지나지 않아 자연스럽게 제게 차를 구입하는 사람들이 생겼습니다.

처음 영업을 시작하는 병원에 가면 같은 요일 아침마다 커피를 사서 넣어 줍니다. 보통 3~4주 정도 커피 인사를 하면 연락이 오곤 합니다.

고객에게 아주 요긴한 것을 찾아내야 합니다. 동대문 시장에서 영업을 할 때, 몇 달 동안 점포들을 방문하면서 명함을 돌렸지만 한 건도 연락이 오지 않았습니다. 그러다가 그들이 정말 필요로 하는 것이 뭘까 생각하면서 관찰했죠. 그들은 옷 끝단의 실밥을 제거하느라 쪽가위를 많이 쓰더군요. 저는 쪽가위에 제 이름을 새겨 상인들에게 나눠 주었습니다. 그랬더니 수십 건을 성사시킬 수 있었습니다. 기적 같은 일입니다.

저는 고객들에게 우스개를 잘합니다. "제가 고급 인력이에요. 시간당 수입도 높아요. 이렇게 정성껏 상담했는데 구매를 다음으로 미루시면 안 되죠. 어디 가도 저만큼 상담 잘하는 직원 못 만나십니다." 저는 제 일에 강한 자부심이 있고 이 분야에서 최고 전문가라고 생각합니다.

구매 가능성이 있는 고객은 단기간 내에 접촉 빈도를 많이 높이는 편입니다. 저를 모르던 고객이 저를 기억하도록 하는 전략이죠. 처음 본 후 2~3일 내에 전화로 인사하고, 또 과하지 않은 작은 선물도 보내서 내 존재를 고객의 머릿속에 각인합니다.

저를 만난 고객은 정말로 이득을 얻는 겁니다. 저는 고객이 부담을 덜 느끼도록 아주 꼼꼼하게 따져 차량 가격을 제안합니다. 그리고 고객에게 나를 만나서 이만큼 이익을 본 것이라고 당당히 말합니다. 그래서 저는 판매 차량 대수에 비해 수입이 그리 많지는 않습니다. 박리다매 전략이죠. 하지만 고객의 입장에서 영업을 하다 보니 고객들이 정말 소개를 많이 해줍니다. 영업인으로서의 자부심이 고객에게 자신감으로 비춰진다고 생각합니다.

진심으로 고객과의 대화를 즐깁니다. 차를 판매하고 2~3년이 지나면 꼭

손 편지를 보냅니다. 진부하다고 할 수도 있겠지만, 의외로 제 마음을 공감해 주시는 분들이 많습니다. 또 전시장에 직접 모셔 작은 선물을 드리고, 편안한 대화를 나누는 것이 저는 즐겁습니다.

가급적 고객의 생일을 기억하고 축하하려고 합니다. 당일에 축하 문자를 꼭 발송하고, 워낙 고객이 많아 고가의 선물은 보낼 수 없지만 저렴해도 유용한 선물을 찾아서 보냅니다. 예를 들면 재미있고 인기 있는 카톡 이모티콘을 보내는 겁니다. 고객 대부분이 의외로 흡족해하고, 저도 부담이 적어 좋은 방법이라고 생각합니다.

자존감을 바탕으로 한 자부심이 없고 고객을 향한 진정한 마음을 보여 주지 못하면 고성과를 낼 수 없다. 고성과 영업인은 자존감을 바탕으로 한 사교성이 있다. 거짓 없이 열린 자세는 예의를 갖춘 친근감으로 고객을 대하게 한다. 고객을 진심으로 칭찬하며 고객의 자존감을 높여 준다.

하지만 수많은 고객이 서로 다른데 이들을 대하는 방식이 일률적일 수는 없다. 고객은 성격도 다르고 성장 배경도 다르며 사회적인 위치도 제각각이다. 그렇다면 어떻게 해야 할까?

Chapter 3

유연한 영업 전략

건강한 자존감을 가진 영업인은 고객에 따라 영업 전략을 유연하게 바꾼다.

고성과 영업인은 고객에 따라 맞춤식 영업을 한다. 이를 '적응적 판매 행동(adaptive selling behavior)'이라고 한다. 판매 상황과 고객에 따라 유연하게 대처하는 영업 방식이다. 고객의 성격이나 취향, 가족 구성 같은 다양한 상황에 따라 영업 전략을 바꾸는 것이다. 이는 특히 부동산, 자동차, 귀금속, 재무 컨설팅과 같은 고가 상품이나 서비스를 판매하는 영업에서 더욱 명확하게 확인할 수 있다. 오랫동안 자동차 영업을 해온 한 영업인은 이렇게 말한다.

내가 담당하는 2,500명의 고객을 관리하는 방법은 2,500가지다. 모든 고객이 다르다는 철학으로 세심하게 관리하는 것이 고객의 마음을 얻는 방법이다.

적응적 판매 행동을 하는 영업인에게는 다음과 같은 특징이 있다.

• 다른 영업 방식을 시험해 보는 것에 부담이 없다.
• 유연한 영업 방식을 활용할 수 있다는 자신감이 있다.
• 각각의 고객에게 독특한 영업 방식을 사용한다.
• 각 고객의 고유한 개성과 욕구를 파악하는 데 민감하다.
• 일정한 판매 방식이 먹히지 않으면 유연하게 다른 방식을 사용한다.

그렇다면 고객의 특성은 어떻게 찾아낼 수 있을까? 널리 알려진 방법 중 하나로 고객의 행동을 유형화해서 그에 맞는 영업 전략을 고려하는 '디스크(DISC) 8'이라는 개념을 소개하겠다. 이는 인간의 행동을 D(Dominance, 주도형), I(Interactive, 사교형), S(Steadiness, 안정형), C(Consciousness, 신중형)의 네 가지 유형으로 분류한 것이다. 다음은 각 유형별 고객들의 행동 특성이다. 유형별로 고객이 주는 이미지, 선호하는 정보의 내용, 제품 구매 시 중시하는 가치가 분명히 다르다. 각 유형별 설명을 읽으면서 연상되는 고객에게 적용해 보자.

유형	특징
D형	세부적인 것보다는 최종 협상 가격에 관심이 많다. 즉, 결과 지향적이다. 도전적이고 공격적인 성향이 강하고 대체적으로 자기 판단이 옳다고 믿으며 영업인의 의견을 잘 듣지 않는 경향이 있다. 이들은 단호한 이미지를 주고 목소리가 상대적으로 큰 편이며 어투도 단호한 느낌을 준다.
I형	말이 많고 상대적으로 감정적이며 충동적인 특성이 더욱 강하다. 대체로 낙천적이고 긍정적인 사고방식을 갖고 있다. 영업인과의 우호 관계를 중시하며 사교적이고 호의적이다.
S형	영업인의 의견을 잘 경청하고 상품 설명에 높은 이해 수준을 보여 준다. 이들은 오랜 시간 만나도 꾸준하고 일관된 인상을 준다. 대체로 보수적인 편이며, 새로운 것보다는 확인되고 검증된 것을 선호하는 특성이 있다. 급격한 변화를 좋아하지 않는 안정적 성향을 갖고 있다.
C형	분석적이다. 명확한 사실이나 객관적 근거 자료를 중시하며 정확하고 세밀한 자료를 선호한다. 테스트를 해본 후 구입하는 경우가 많고, 제품의 질을 중시한다. 표준과 규칙에 관심이 많으며 상호 약속한 바를 충실히 이행하는 것을 중시한다.

그렇다면 각 유형별 고객들에게 어떤 영업 전략을 구사해야 할지 구체적으로 알아보자.

1. D형 고객

이 유형의 고객에게는 제품에 대한 신뢰감을 줄 수 있는 요점만 설명해야 한다. 설명할 내용이 많다면 미리 고객에게 양해를 구하고 동의를 얻는 것이 안전하다. 고객의 질문에는 짧고 단도직입적인 답변이 좋으며 구매 시 긍정적인 결과를 강조하되 힘이나 권위, 특권, 변화 따위를 얻을 수 있다고 강조한다. 최종 구입가에 민감하므로 최저가격협상 전략이 효과적이다.

2. I형 고객

이 유형의 고객에게는 당신의 요구를 충분히 수용한다는 모습을 보여 주는 것이 상품 설명보다 중요하다. 이 유형은 사교적 대화, 잡담, 비일상적 대화 등을 즐긴다. 늘 최신 제품과 서비스를 원한다는 사실에 초점을 맞추는 전략이 좋다. 연예인이나 사회적으로 인정받는 유명인과 동일한 제품을 구매하길 원하며, 변덕이 심하고 충동적이므로 일단 구매를 결정하면 신속하게 거래를 마무리해야 한다.

3. S형 고객

이 유형의 고객에게는 처음에 접근할 때 '상품'을 판매하려는 시도보다 '자신'을 판다는 생각을 해야 한다. 우선 고객에게 신뢰를 얻고 상호 관계를 돈독하게 하는 사전 작업이 필요하다. 친분을 쌓아 고객이 편안하다고 느끼도록 유도해야 한다. 성급한 행동은 고객에게 역효과를 불러일으킬 수 있으므로 여유를 갖고 진심으로 고객을 대해야 한다. 이 유형은 신제품보다는 오랜 기간 사용해 품질이 검증된 제품을 선호하므로 공인된 검사 기관에서 안전성, 안정성, 신뢰성 따위를 입증한 자료를 제시하면 그들의 구매욕구를 충족할 수 있다.

4. C형 고객

이 유형의 고객에게는 시간 엄수와 같은 기본부터 챙겨야 한다. 서로 신뢰를 쌓아 가되 친근감을 표현하려는 가벼운 잡담이나 거래와 무관한 불필요한 대화는 지양하는 것이 좋다. 일단 판매 상담을 시작하면 서두르지 말고 고객이 스스로 구매에 대해 충분히 고민한 후 결정할 시간을 줄 필요가 있다. 이 유형은 검증되지 않은 것에는 의심이 많고 부정적인 성향을 보이므로 통계 수치나 전문가 의견처럼 말보다 객관적으로 검증된 자료 제시가 효과적이다. 대체로 요구 사항이 많으므로 영업인이 중도에 포기하는 경우가 발생할 수 있다. 인내심을 갖고 대응하는 자세가 필요하다. 하지만 일단 거래를 하며 신뢰를 쌓으면 충성도가 높은 고객이 된다.

고객의 행동뿐 아니라 판매 시즌과 제품에 따라 판매 전략을 바꾸는 유연성을 발휘하려면 면밀한 관찰이 필요하다. 오랫동안 다양한 고객을 만나 본 영업인은 고객을 정확히 파악하는 눈썰미가 있다.

일본 신칸센의 사이코 이즈미라는 역무원은 100분 동안 도시락 120개를 판매하는 판매왕이다. 그의 성과는 치밀한 관찰과 치열한 노력 덕분이다. 그는 열차를 한 차례 왕복하면서 승객 400명의 눈을 세밀히 관찰한다. 그러고는 도시락을 살 의향이 있던 손님을 기억해 집중 공략한다. 짐수레도 남다르다. 짐수레를 가게처럼 체계적으로 꾸미고 승객이 도시락 내용을 볼 수 있도록 사진을 찍어 광고 문구와 함께 붙여 놓았다. 또한 시간 절약을 위해 거스름 동전을 종류별로 분류해 놓아 남들이 세 번 왕복할 때 다섯 번 왕복함으로써 고객 접촉 횟수를 늘렸다.

김성회가 쓴 『리더를 위한 한자 인문학』에 나오는 이야기다. 남들 보기에는 운이 좋은 것 같아도 그 이면에는 이렇게 치밀한 준비와 치열한 노력이 숨어 있다. 경직되고 단순한 방식으로는 날로 다양화하는 고객의 요구와 기대 수준을 따라갈 수 없다. 고성과 영업인이 되려면 관찰과 준비로 고객의 문제와 욕구를 정확히 파악하는 능력을 갖춰야 한다.

Chapter 4

감정노동에도 격(格)이 있다

진심을 담아 영업하면 힘이 덜 든다.

감정노동은 조직의 목적, 주로 금전적 목적을 위해 자신의 본래 감정을 감추고 일하는 행위를 말한다. 영업은 대표적인 감정노동이다. 영업인에게 감정노동은 피할 수 없는 숙명과도 같다. 감정노동은 근로자에게 스트레스를 주는 일종의 직무상 요구이지만, 어떤 회사의 직원들은 감정노동이 아닌 진심에서 우러나오는 서비스를 제공한다는 인상을 주기도 한다. 디즈니랜드에서 근무하는 직원들이 그렇다. 그들은 이상하리만큼 즐겁고 행복해 보인다. 일을 진심으로 즐기며 디즈니랜드를 찾는 사람들에게 자발적으로 엔터테이너의 소임을 다하고자 노력한다. 이들은 감정노동과는 무관해 보인다.

기본적으로 노동은 에너지를 사용하기 때문에 충전 없이 계속 일을 한다면 결국 모두 고갈되는 '소진(burnout)'을 경험한다. 그러나 동일한 노동을 한다고 모두 동일한 정도의 에너지가 소모되지는 않는다. 노동하는 태도와 자세에 따라 소모량이 다르다는 연구 결과도 있다.

자신의 일을 어떻게 느끼고 어떤 의미를 부여하느냐에 따라 노동행위는 '진심행위(deep action)'가 될 수도 있고 '표면행위(surface action)'가 될 수도 있다. 사실 일은 어떤 태도로 임하느냐에 따라 쉬워지기도 하고 힘들어지기도 하는데, 진정성이 담긴 진심행위는 에너지 소모가 덜하다. 반면 외형상으로는 그 일을 하고 있지만 진정성이 없으면 표면행위다. 표면행위로는 단순한 서비스 행위 이상은 전달하지 못한다. 고객에게 품은 관심, 호의, 애정은 표면행위로는 전달할 수 없기 때문이다. 당연히 고객 감동도 없다.

진심행위가 표면행위보다 더 많은 에너지를 필요로 한다고 생각할 수도 있다. 그러나 고객과의 만남이 일회성이 아니라 장기간 계속 이어진다면 진심행위로 일하는 사람의 에너지 소모가 더 적다. 고객과 친분이 쌓이고 상호 신뢰를 형성하면 긴장감이 줄어들고 안정감을 바탕으로 한 흥미와 보람, 몰입도(engagement)가 상승하기 때문이다.

일본의 경제경영 분야 작가인 혼다 켄(本田健)은 이렇게 말했다.

"스스로 세운 인생의 목표에 헌신하는 사람은 삶이 즐거워 어쩔 줄 모른다. 다시 태어나도 그 일을 하겠다고 다짐한다. 수입이 전혀 없어도 기꺼이 하겠다고 말한다. 그 일을 초등학교 때부터 하지 않은 것을 후회한다."

이처럼 자신의 일에 사명감과 자부심을 가진 사람은 그 일에서 에너지를 얻는다. 오히려 일을 못하게 될까 봐 두려워하기까지 한다.

그렇다면 진심행위와 자존감은 어떤 관계가 있을까? 건강한 자존감을 가진 사람은 기본적으로 자신의 존재에 긍정적 의미를 부여하고, 일을 하며 보람과 가치를 찾고자 노력한다. 일은 자아실현을 위한 소중한 기회이기 때문에 긍정적으로 일을 인식하고, 일하면서 경험하는 여러 문제를 적극적으로 다루고자 노력한다. 업무 중에 경험하는 과제를 나의 역량을 끌어올리는 기회나 순수하게 다른 사람을 도울 수 있는 기회 또는 나의 인격을 성숙하게 만들 수 있는 기회로 여긴다. 이 과정에서 진심행위를 하고자 하는 욕구가 발동한다. 반면 일에 대해 낮은 동기를 갖거나 일을 회피하는 자세로 임한다면 진심행위보다는 표면행위를 할 가능성이 크다. 건강한 자존감을 바탕으로 진심을 담아 영업 활동을 하는 영업인의 이야기를 들어 보자.

간혹 무리한 요구를 하는 고객도 있지만 처음부터 저는 제가 할 수 있는 것과 할 수 없는 것을 솔직히 말합니다. 행여나 고객의 요구를 들어주지 못한다면 가능한 한 상세하게 그 이유를 설명합니다. 제가 일관된 원칙을 갖고 고객을 대하니 고객도 제 입장을 이해해 주시더군요.

고객이 차량 전시장에서 나가면 그 고객이 보이지 않을 때까지 배웅합니다. 그전에 먼저 들어가는 일은 결코 없습니다. 저는 저를 찾아 주는 고객이 진심으로 고맙거든요. 그리고 또 뵙기를 바라는 제 마음이 전달되기를 바랍니다. 고객들도 그런 제 모습을 좋게 보시더군요.

거래가 성사되기 전이라도 상대방이 믿을 만하다는 생각이 들면 그 고객이 뭔가를 부탁하더라도 과감하게 도와줍니다. 한번은 제게서 차를 구입하기 전이었는데, 그분의 요구로 회사에서 중형차를 빌려 그분 부친의 장례 운구 차량으로 제공한 적이 있습니다. 그뿐 아니라 제가 직접 운전까지 했죠. 그 고객은 크게 감동했고, 얼마 되지 않아 제게서 차량을 구입했습니다.

저는 제 진심을 전달하기 위해 스토리가 담긴 선물을 드립니다. 명절이나 구매 직후가 아니어도 그 철에만 구할 수 있는 희귀한 과일을 선물하거나, 시골에서 제 친지가 직접 지은 무농약 농산물 혹은 식용 기름 등에 제 이름을 찍은 라벨을 붙여 보냅니다. 매년 이렇게 보내니 그 고객들은 절대로 다른 영업인에게 가지 않습니다.

고객과 갈등이 발생하면 영업인의 감정노동은 최악이 된다. 흔히 '고객은 왕이다', '고객은 항상 옳다'고 하는데 영업인은 마냥 참고만 있어야 할까? 그럴 수는 없다. 영업인의 갈등을 깊이 있게 다룬 최환규 박사의『쉬운 세일즈』에는 영업인이 고객과 갈등이 생겼을 때 해결하는 방법을 제시하고 있다. 그는 먼저 고객을 인정하라고 말한다.

1. 고객을 인정하라

많은 영업인이 고객의 불만이나 문제 제기를 고객 탓으로 돌린다. '그런 것도 몰라서 묻고 있나', '설명할 때는 제대로 듣지도 않고', '계약 규모는 작은데 요구는 많아서 정말 귀찮다' 등의 반응을 보인다. 하지만 고객은 영업인이 자기에게 좀 더 세심한 관심을 기울여 주기를 바란다. 영업인에게 고객은 많은 고객 중 한 사람이지만 고객에게는 그 영업인이 전부이기 때문이다. 또한 고객이 제기한 문제나 불만이 영업인은 흔히 겪는 일이라 대수롭지 않을 수 있지만 고객은 처음 겪는 일이라 크게 느낄 수도 있다. 따라서 영업인은 고객 불만을 자신의 기준으로 판단해 결정하지 말고 고객의 입장에서 생각하고 행동해야 한다. 아무리 사소하더라도 고객에게는 매우 의미 있고 중요한 일일 수도 있기 때문이다.

상대를 인정하는 일은 서로 친밀감을 쌓는 지름길이다. 영업인은 고객이 화를 내면 화가 났다는 사실을, 슬퍼하면 슬퍼하고 있다는 사실을 있는 그대로 받아들이며 대화를 시작해야 한다. 고객의 감정적인 행동에 반사적으로 반응하기보다는 고객이 화를 내는 그 자체를 인정하고 도대체 무엇이 고객을 그렇게 화나게 만들었는지 관심을 갖고 살펴봐야 한다. 그래야 감정이 격해진 고객을 도와줄 방법을 찾을 수 있다.

2. 고객과 문제를 분리하라

어떤 현상이나 상황에 대한 일반적인 반응들을 자세히 보면 모든 반응이 그 사람에 대한 추측이라는 사실을 발견할 수 있다. 이런 생각은 다른 사람의 행동을 심각한 문제가 있는 것으로 과장해서 평가하게 되고, 그런 모습이 일시적이 아니라 아주 오랫동안 계속될 것으로 가정해 반응한다. 이것이 문제 해결에 효과적이지 않은 이유다. 문제에 초점을 맞추기보다는 변하지 않고, 변하게 할 수도 없는 사람에게 초점을 맞춘다. 이런 반응을 반사적 반응이라고 하는데, 이것은 문제 그 자체에 대한 접근이 아니고 나를 화나게 한 문제를 해소하려는 접근이다. 결과적으로 갈등을 해결하지 못한다.

같이 화를 내기보다는 고객이 한 행동의 원인을 궁금해하면서 문제를 해결하려는 자세를 취해야 한다. "무슨 일이 저 사람을 저렇게 행동하게 할까? 내가 저 사람을 위해 할 수 있는 일이 무엇일까?"와 같은 질문을 하면서 고객이 직면하고 있는 문제를 함께 해결할 준비를 해야 한다. 그렇게 하면 고객의 반응에서 감정을 걷어 내고 문제의 본질을 알수 있다. 갈등 해결의 실마리도 찾을 수 있다.

3. 고객의 감정을 읽어라

고객의 감정을 읽어 주는 것을 공감이라고 한다. 아무리 화가 나도 공감해 주면 화가 가라앉는다. 화난 사람은 아무리 진정하라고 해도 진정하지 않는다. 이럴 때는 오히려 "고객님, 화가 많이 나셨네요. 제가 어떻게 하면 좋을까요?" 하고 물어보는 것이 훨씬 효과가 있다. 이때도 주의할 점이 있다. 고객에게 충분히 공감해 주고 난 다음 자신이 하고 싶은 말을 해야 한다.

고객과 공감한다고 해서 주장하는 내용까지 동의하라는 것은 아니다. 감정에 휩싸여 있는 동안에는 합리적으로 사건을 해결할 수 없기 때문에 일단 공감으로 고객의 격앙된 마음을 가라앉히는 것이 가장 중요하다. 충분한 공감으로 고객과 대화가 가능하다고 판단할 때 비로소 문제 해결을 위한 대화를 시작할 수 있다.

4. 고객의 욕구를 파악하라

고객의 불만을 듣고 처리하는 것은 영업인에게 정말 힘든 일이다. 그러나 이면에 고객이 원하는 욕구가 있다고 이해하면 고객의 행동을 이해할 수 있다. 따라서 먼저 고객의 감정을 읽어 주고, 질문과 경청으로 고객이 진짜 원하는 것이 무엇인지 파악해야 한다. 이런 과정에서 오류를 범하기 쉬운 일은 고객이 불만을 제기하는 목적이 무조건 금전적 이득이라고 추측하는 것이다. 사실은 영업인이 계약 후 자신에게 전혀 관심을 보이지 않아 자신이 무시당했다고 생각해 불만을 제기하는 경우도 자주 있다. 많은 영업인이 계약 전에는 열심히 고객에게 관심을 보이다가도 계약이 마무리되면 차츰 관심이 줄어드는 경향이 있기 때문이다. 고객의 입장에서 보면 실망스럽고 심지어 배신감까지 들게 하는 행위다. 그러므로 고객이 불만을 제기하고 화를 낸다면 그 이면의 진짜 이유를 밝혀내는 일이 우선이다.

5. 대안을 제시하라

이제 고객의 욕구를 파악했다면 그 욕구를 충족할 수 있는 방법을 찾기만 하면 된다. 여기서 중요한 점은 항상 고객과 영업인의 욕구가 다 같이 충족될 수 있는 방법을 찾을 필요가 있다는 것이다. 양쪽 모두 승자가 되기 위한 방법을 고민해야 한다. 이처럼 고객의 욕구를 제대로 파악하기만 하면 문제 해결은 쉬운데 어렵다고 느끼는 이유는 고객의 표면적인 욕구에 초점을 맞추기 때문이다.

이 세상에 나와 똑같은 사람은 없다. 영업인이 자신과 다른 사람을 수용하기 위해 가장 먼저 할 일은 고객이 말하거나 행동하는 목적을 살피는 것이다. 고객의 행동에 호기심을 갖고 의도를 파악하면 고객을 이해하기 쉽다. 그다음에는 고객과 나의 다른 점을 발견하기보다는 공통점을 먼저 찾아보자. 이런 공통점을 바탕으로 고객이 원하는 것과 내가 원하는 것을 모두 충족할 수 있는 방법을 탐색해 봐야 한다. 이런 방법이 처음에는 어색하지만 인내심과 자신감을 갖고 꾸준히 연습하다 보면 어느 순간 마음이 편해지고 서로가 원하는 해결책을 찾는 기쁨을 느낄 수 있다.

고객을 대할 때는 진심으로 다가가라. 위에서 말한 것처럼 진정성이 담겨야 에너지 소비가 덜하다. 결국 스트레스가 많은 영업을 하면서 즐겁게 하느냐 괴롭게 하느냐는 자존감 여부에 달려 있다. 건강한 자존감은 당신이 일하는 즐거움을 느끼도록 이끌어 준다.

PART 04

자기효능감과 영업

자기효능감은 자신의 능력에 대한 믿음이다.

왕성한 자기효능감을 가진 영업 직원은 강력한 에너지를 발산한다.

왠지 이 영업 직원은 내 요구를 충분히

들어줄 수 있을 것 같다는 기대를 갖게 한다.

기대를 갖게 하는 영업인이 되고 싶다면

자신의 자기효능감을 살펴보라.

Chapter 1

건강한 자기효능감이 주는 용기

영업을 할 때 주도성을 발휘할 상황은 얼마든지 있다.

건강한 자기효능감은 주도성을 북돋운다. 현장에서 영업인의 주도성은 영업 성사의 가능성을 높이는 적극적인 행동으로 나타난다. 가끔 주변에서 고객에게 끌려다니기만 하는 '착한' 영업인을 볼 수 있다. 유약하고 희생적인 이미지는 영업 성공률을 급격히 낮출 수 있다. 고객은 주도적이지 못한 영업인에게서 받은 배려와 정보를 바탕으로 주도적이고 진취적인 영업인에게 구매할 것이다.

주도권을 뺏긴 영업인은 영업의 열매도 자주 빼앗긴다. 고객을 강하게 밀어붙여 종결(closing)까지 매듭짓지 못하거나, 고객이 떠나는 것이 두려워 자신이 가진 카드를 모두 펼쳐 보였다가 정작 치열한 협상 단계에서는 던질 카드가 하나도 남아 있지 않은 경우도 있다. 어떤 영업인은 이를 기(氣) 싸움에서 고객에게 지는 것이라고 표현하기도 한다. 영업 과정에서 주도권의 발휘는 분명히 자기효능감을 바탕으로 한다. 자기효능감을 영업 전체 과정에서 발휘하지 못하면 내가 가진 잠재력을 자신 있게 활용하지 못한다.

한국세일즈코치협회에서 펴낸 『신뢰를 파는 것이 세일즈다』에는 자동차 영업인이 겪은 이야기가 다음과 같이 나온다.

> 부부로 보이는 두 사람이 전시장 문을 열고 들어왔다. 예쁘고 깔끔해 보이는 여성과 달리, 남성은 후줄근한 점퍼 차림에 단정치 못한 모습이었다. 같이 들어오지 않았다면 부부라고 생각하기 어려울 정도였다. 그런데 그분 태도가 당당했다. "차 좀 타봅시다" 하는 짧은 말과 함께 대답을 기다리지도 않고 문을 열고 타보더니 은근히 무시하는 태도를 보였다. 타사 차와 비교하며 열심히 설명했지만 수긍하는 여성과 달리 냉랭한 표정뿐이었다. 연락처를 받으려고 애를 썼지만 알려 주지 않았다. 그래서 짐작이 가는 직업을 찍어서 묻기 시작했다. "혹시 의사 선생님 아니십니까?" 차를 당당하게 타는 모습도 그렇고 꾸미지 않은 외모, 동행한 사모님의 포스를 짐작컨대 영업소 근처에 있는 병원 원장이라고 추정했다.

넘겨짚은 직감에 놀랐는지 부근의 개업 의사라고만 하고 절대 병원은 알려 주지 않았다.

다음 날 이 영업인은 주변의 병원을 수소문해 남성이 피부과 원장이라는 사실을 알아냈다. 당장 찾아가 인사를 했다. 그 후 두 달 동안 40여 차례 병원을 다니며 간단한 판촉물과 홍보 전단을 주었다. 처음에는 잡상인으로 취급했지만 조금씩 마음을 열어 주었다. 두 달쯤 되자 진료를 잠시 멈추더니 상담을 의뢰했다.

"의사가 되기까지 어머니가 학습지 영업을 하면서 날 가르치셨습니다. 학습지 영업으로 의대까지 가르치기 힘드셨을 텐데 당신이 영업하는 것을 보면서 어머니 생각이 많이 났습니다. 두 달 동안 이렇게 계속 찾아오는데 내가 차를 안 사면 나쁜 사람 아닙니까?"

그 고객은 차를 구입했고 이후 친한 병원장들을 꾸준히 소개해 주었다. 그는 그 인맥을 지금까지 이어 가고 있다.

이것은 한번 맺은 인연을 절대 놓지 않고 끈질기게 찾아가서 성실하게 도전했기에 가능한 이야기다. 그냥 스치는 고객이라 여기고 일회성 상담으로 생각했다면 절대 얻을 수 없는 고객이다. 그는 40여 차례나 방문하며 욕심을 갖고 주도적으로 응대해 고객의 신뢰를 얻었다. 탁월한 영업인은 바로 이런 주도성이 있다.

국내외 대기업들은 경쟁력 강화와 판매 실적 향상을 위해 영업인의 핵심 역량을 찾아내고 그것에 근거한 교육 프로그램을 만들고 있다. 고객은 자동차 광고를 보거나 인터넷에서 제품 정보를 얻은 후 구매욕구가 생기면 영업인을 만나 차를 사려고 한다. 제품도 좋아야겠지만 영업인의 역량이 실질적 구매에 매우 큰 영향을 미친다는 것이다. 자동차는 가격이 비싸 충분히 고민을 한 후 구입을 결정하는 상품이기 때문에 다른 것들보다 영업인의 역량이 매우 중요하다.

한 국내 자동차 기업에서 고성과 영업인과 평균 성과를 내는 영업인 300여 명을 평가한 결과, 고성과 영업인의 핵심 역량은 바로 주도성에 있었다고 한다. 주도성은 은근과 끈기의 형태로 나타나는데, 반복해서 시도하고 장시간을 투자하며, 거절을 당해도 포기하지 않는 것이다. 주도성은 기회를 잘 포착하거나 경쟁자의 위협에 즉각적으로 대응하는 행동, 그리고 업무 규정에서 요구하는 것보다 더 많은 일을 하는 행동으로 발휘된다. 자동차를 잘 파는 영업인은 이 주도성 역량이 높았다.

자기효능감은 주도적인 행동을 만드는 심리적 근원이다. 자기효능감이 높은 학생은 스스로 학습 계획을 세워 향후 상황을 자신의 통제하에 둔다. 자기효능감이 높은 직장인은 자신이 준비한 기획안을 설득력 있게 포장해 상사가 그것을 선택하게 함으로써 충분히 예측 가능한 상황을 만들어 낸다. 자기효능감이 높은 영업인은 자신의 강점을 바탕으로 고객이 관심을 가질 만한 선택안을 제시한다. 최선과 차선의 순서는 있을지언정 결국 충분히 예상 가능한 상황으로 판을 이끌어 간다.

많은 영업 고수들이 영업에서 주도권을 잡는 중요한 방법은 고객을 능가하는 정보를 보유하는 것이다. 전문 지식이나 높은 수준의 정보는 고객으로 하여금 영업인을 신뢰하게 하고 다음 만남을 기대하게 만드는 요인이 된다. 그렇다면 자기효능감이 높은 영업 고수들은 현장에서 어떻게 주도적으로 행동하는지 살펴보자. 다음은 그들의 말이다.

고객에게 '친절하되 을이 되지 말라'고 후배들에게 얘기합니다. 갑과 을이 아닌 동등한 파트너로서 당당하게 고객을 찾아가라고 조언합니다.

저는 하루하루가 정말 바쁩니다. 많은 고객이 제게 차를 구입하는데 저는 그들을 위한 사후 관리 주기(after service cycle)를 일정표에 모두 반영해 둡니다. 고객마다 사후 관리 일정을 빼곡하게 짜서 해당 일정이 되면 연락하고 챙깁니다. 고객은 자기가 잊히지 않았다는 사실에 안도하고 저를 신뢰합니다. 그 고객과 계속 관계를 이어 갈 수 있고, 많은 경우 주변의 지인을 소개해 줍니다.

고객이 만나자고 하는 시간에 무조건 만나지 않습니다. 저도 제 일정이 있다는 것을 고객에게 알려 줄 필요가 있습니다. 언제나 부르면 가는 영업인이 되면 안 됩니다. 그러면 고객은 여기저기 상담하다 어쩔 수 없을 때 마지막으로 그 영업인을 찾습니다. 그런 경우에는 대부분 찌꺼기만 얻어먹는 경우를 많이 보았습니다. 오히려 "죄송합니다만, 이날은 어떠십니까?" 하고 역제안을 하면 의외로 많은 고객들이 제 일정에 따라와 줍니다.

제가 고객과의 관계에서 주도권을 쥐는 비결은 전문 지식입니다. 고객이 아무리 그 제품에 대해 전문가라 해도, 어떻게 하면 좀 더 저렴하게 구입하고 구입 후 세금을 덜 낼 수 있는지, 중고차를 제 가격으로 파는 방법은 무엇인지에 대해서는 제 지식을 따라올 수 없답니다. 저는 늘 이렇게 말합니다. "저만 믿고 따라오시면 됩니다. 고객님은 아무 고민 안 하셔도 됩니다."

고객을 만나기 전에 철저히 준비합니다. 예상되는 질문과 답변을 먼저 리허설합니다.

의사들은 영업인을 세 부류로 나눕니다. 그냥 밥만 같이 먹는 부류, 단순히 판촉을 열심히 하는 부류, 지식을 공유해 주는 부류. 그들 입장에서 만남이 가치 있으려면 저는 영업인으로서 더욱 값어치 있는 지식을 전달해 주어야 합니다. 공부를 많이 해야죠.

요즘이야 SNS로 정보를 많이 공유하지만 예전에는 신차 정보를 구하기가 어려웠습니다. 신차를 출시한다는 정보를 입수하면 저는 미리 신차 판매를 시작했습니다. 다른 동료들은 출시 후 비로소 시작하는 영업을 저는 이미 고객 10여 명을 확보하고 시작했습니다. 매 순간 한발 앞서면 시간이 지날수록 격차가 커집니다.

저는 고객이 선택하는 각각의 옵션별로 손해와 이익을 철저히 따져서 보여 줍니다. 그리고 고객이 한 번 물어봤을 때 제대로 답변을 못 하면 반드시 확인해서 대답해 드립니다. 똑 부러진다는 인상을 줘야 합니다.

고객과의 관계에서 주도권을 잡는 방법은 저만의 스토리텔링으로 고객을 설득하는 것입니다. 제 의도대로 상담이 이루어지면 고객은 제가 제시하는 조건 안에서 선택하게 되어 있습니다. 그러기 위해 첫인상부터 신뢰를 주어야 하고, 항상 고객이 믿을 수 있는 근거를 제시해야 합니다.

주도권은 프로 정신에서 나온다고 생각합니다. 내가 프로답게 고객을 대하면 고객은 영업인을 의지하게 되어 있습니다. 프로는 생계를 걸고 일하는 사람이기 때문에 대충 할 수 없잖아요. 고객의 물음에 명확하게 답을 주고 신뢰를 얻어야 합니다.

고객도 영업인을 고르지만, 영업인도 고객을 선택합니다. 통계상 내게서 물건을 많이 구입하는 고객들의 연령대, 이미지, 직업군, 주거지역 등을 분석해 보면 신기하게도 일정한 데이터가 나옵니다. 저도 자연스럽게 그 부류의 고객들에게 더 마음이 갑니다. 이들에게 더욱 집중적인 노력을 기울였더니 비교적 재구매가 많이 발생한 것을 경험했습니다.

주도성은 자기효능감과 관련이 있다. 주도적인 영업인은 어떤 환경에서도 슬럼프를 겪지 않고 성과를 만들어 낸다. 겸손하게 고객을 대하되 비굴하지 않으며, 시간을 두고 기다리되 절대 포기하지 않는다. 계획을 세워 앞서 활동하며 전문 지식으로 자신의 실력을 키운다. 고객 앞에서 항상 당당하다.

Chapter 2

처음은 누구나 서툴다

처음부터 잘하는 사람은 없다.

많은 회사에서 우수한 영업인의 실적과 사진을 '명예의 전당'에 게시한다. 각고의 노력을 인정하고 갈채를 보내는 동시에 다른 영업인들에게 자극을 주려는 의도다. 그러나 영업 고수들도 시작은 초보 영업인이었다. 단지 '건강한 자존감'이라는 작은 씨앗 하나를 품고 있었을 뿐이다. 그 씨앗을 정성스럽게 키워 지금의 영예를 만들어 냈다. 그러므로 비록 당신의 처음이 볼품없다 하더라도 의미를 부여해야 한다. 한 전설적인 영업 고수가 초보 시절을 이렇게 추억했다.

나는 늦은 나이에 영업을 시작했지만 실패하리라 생각해 본 적이 한 번도 없습니다. 물론 처음 몇 달은 고전을 면치 못했습니다. 그러나 나의 진정성을 알아주는 고객이 한두 명 생기기 시작했습니다. 내 이름과 내 서비스를 기억해 주는 고객에게 최선을 다해 편의를 제공했습니다. 그리고 그런 각오는 지금도 변함없이 나의 영업을 떠받들고 있는 철학이 되었습니다.

미래경영연구원의 오정환 원장이 쓴 『영업, 질문으로 승부하라』에는 어느 영업인이 겪은 초보 시절 이야기가 나온다.

나는 영업 초기에 새로운 지역을 개척하기로 마음먹었다. 추운 겨울, 그 당시는 차도 없었으니 버스와 도보로 이동할 수밖에 없는 상황이었다. 춥고 힘들었다. 처음 개척 지역을 나가며 '영업? 그냥 열심히만 하면 되지 뭐가 문제야' 하는 배짱으로 시작했다.

내가 처음 발을 내딛은 '내 땅'은 상가 건물이 하늘을 찌르고, 나처럼 영업하는 이들이 하루에도 대여섯 명씩 다녀간다는 곳이었다. 하늘에서는 눈이 흩날리고 길은 미끄러웠다. 한쪽에는 전단지 가방, 다른 한 손에는 화장품 가방을 들고 다녔던 하루하루가 정말 힘들었다. 일주일 또는 보름이 지나도록 매출이 없었던 때도 있었다. 날씨만큼이나 내 마음과 정신이 얼어붙어 버릴 것 같았다.

그러나 포기하지 않았다. 오기가 생겼다. 그때마다 '오늘은 기필코 뭐 하나라도 팔아야지' 하는 독한 마음으로 다시 가방을 챙겨 들었다. 하루 종일 전단지만 돌리기도 하고, 같은 곳을 열 번 이상 무조건 방문한 적도 있었다. 요령은 부릴 줄도 모르고 열심히만 하면 될 것이라 생각했다.

그렇게 겨울에는 추위와 싸우고 여름에는 뙤약볕과 씨름하며 여기까지 왔다. 지금 생각해 보면 처음 내딛은 나의 개척 경험은 나를 만들어 가는 힘든 훈련이었다.

많은 영업인이 이와 비슷한 경험을 했을 것이다. 처음은 이렇게 기본적으로 힘들다. 하나하나 배우고 익혀 가는 과정이 거저 되는 법은 없다. 이 단계에서 힘들다고 포기하며 많은 영업인이 발길을 돌린다. 그러나 힘든 게 어디 영업뿐이겠는가. 이 세상에 뭐 하나 그냥 되는 것이 있던가. 당신이 영업을 제대로 할 수 있다면 무슨 일을 하든지 자신감을 얻을 수 있고 두려움은 사라진다.

더 많은 용기가 필요한 초보 시절을 건강한 자존감으로 견뎌 낸 영업 고수들의 이야기를 몇 가지 더 들어 보자.

처음 지방에 있는 병원들을 맡아 영업을 하게 되었을 때, 저는 아예 토요

일에는 모닝콜을 해주고 아침에 만났습니다. 몇 주 정도 하다 말겠거니 생각했던 모양인데 제가 수개월을 꾸준히 찾아가자 관계가 깊어지고, 약품 구매에 의사결정권을 쥔 사람이 누군지 알려 주더군요. 저는 토요일 오전에는 의사를, 오후에는 약품 구매 담당자를 찾아가 인사를 나누었습니다. 결국 그 병원 영업도 성공했습니다.

약 40년 전 영업 사원 공채로 입사하면서 고향에서 자동차를 팔기 시작했습니다. 그때 다짐한 것이 있습니다. 앞으로 절대 직업도 회사도 바꾸지 않을 것이고, 이 분야에서 전국 최고가 되겠다는 것이었습니다. 부친에게서 일본의 '장인 정신'에 대한 가르침을 자주 들었습니다. 일에 대한 자부심이 정말 멋있다고 생각되어 퇴직할 때까지 그 다짐을 지켰습니다.

무시를 당하면 오기가 생기더군요. 저는 기회가 되는대로 저명한 의사들한테 들은 정보를 이제 경력이 얼마 안 된 고객들과 나누었습니다. 그걸 어떻게 아느냐며 눈이 휘둥그레져서 저를 쳐다보더군요.

자동차 영업을 한 이후 매달 2천 통이 넘는 정보지를 보냈습니다. 지금까지 그렇게 합니다. 차를 살 가능성이 높은 고객과 그리 높지 않은 고객을 구분해서 다른 유형의 정보지를 보냅니다. 신입 때에는 이렇게 열심히 해야 한다고 얘기를 해도 요즘 신입 직원들은 잘 듣지 않아서 안타깝습니다.

20~30년 후 성공한 제 모습을 상상했습니다. 그러면 이상하게도 힘이 났습니다.

제가 사장이라고 생각했어요. 그 지역에 맞는 판촉 자료를 만들었습니다. 뿐만 아니라 지출이 많았지만 지역 영업이다 보니 경조사는 빠짐없이 다녔죠.

조금 느긋하게 생각했습니다. 시간문제일 뿐 나는 반드시 잘될 거라는 생각을 했습니다. 지금은 내가 수입차를 파는 영업 사원이지만, 결국 나도 이 차를 몰겠다는 생각으로 영업을 했습니다. 지금은 생각한 대로 그 차를 몰고 다닙니다.

처음은 누구나 서툴다. 손쉽게 좋은 성과를 내는 방법은 없다. 초보 시절 어설픔을 극복하는 길은 열심히 하는 것뿐이다. 더 많은 시간을 투자해 더 많은 고객을 만나야 한다.

정신력도 중요하다. 절대 포기하지 않겠다는 각오는 열정을 불러일

으킨다. 하루하루 실력을 쌓으며 큰 꿈을 품고 기다려야 할 필요도 있다. 천 리 길도 한 걸음부터다.

Chapter 3

영업 고수들의 위기관리

성공적인 영업인은 실패를 긍정적으로 해석한다.

심리학은 20세기 후반까지만 해도 병리적 증상을 고치는 데 초점을 맞춰 연구가 이루어졌다. 부정적 심리 현상을 보이거나 심리 질환으로 고통받는 사람들이 연구의 주된 대상이었다. 이런 연구 경향의 방향을 바꾼 사람이 바로 마틴 셀리그만이다. 그는 1998년 미국 심리학회 회장으로 취임하면서 다음과 같이 말했다.

이제 심리학자는 개인의 약점보다는 강점으로, 질병과 병리적 현상보다는 건강과 활력으로 관심을 돌릴 필요가 있습니다. 지금껏 전통적인 심리학자들은 우울증과 분열증의 치료에 도움을 주는 연구가 주된 관심사였지만, 개인의 삶을 충만하게 하고 역량을 키우는 연구가 소홀했음을 인정해야 합니다.

그 결과, 셀리그만과 그의 동료 학자들은 심리학의 새로운 트렌드를 만들어 냈다. 병리적 증상을 고치고자 하는 임상심리 영역은 여전히 중요한 연구 분야지만, 긍정심리학의 연구 영역에서 눈에 띄게 많은 연구가 이루어졌다. 이 분야의 연구 주제로는 낙관주의, 긍정적 감정, 영성, 만족, 자기계발 등이 포함된다. 즉, 건강하고 성공적인 인생을 위한 기능의 유지와 강화에 초점을 맞춘다.

긍정심리학이 다루는 주된 연구 주제 중에서 '심리적 자본(Psychological Capital)'이라는 개념이 있다. 자신의 삶에 크게 만족감을 느끼고 객관적인 성공, 즉 사회적 지위나 경제적 성취 등을 이룬 사람들에게 공통적으로 보이는 심리적 특성을 일컬어 말한다. 심리적 자본은 희망(hope), 자기효능감(self-efficacy), 회복탄력성(resiliency), 낙관주의(optimism) 등으로 구성되어 있다. 이는 성공하는 사람들이 지닌 심리적 특징으로서 업무 성과, 조직에 대한 적응, 조직 내 개인의 긍정적 행위를 총칭하는 조직 시민 행동(Organizational Citizen Behavior)과 밀접한 관련을 맺고 있다. 이러한 심리적 자본 개념은 자기존중감, 자기효능감, 자기호감을 중요 요소로 하는 자존감의 개념과도 맥을 같이 한다.

특히 회복탄력성과 낙관주의는 영업인이 슬럼프에 빠졌을 때 거기서 빠져 나와 새로운 재기를 할 수 있는 심리적 원동력으로 작용한다. 회복탄력성은 '역경을 극복하고 다시 회복하는 능력과 그런 역경 또한 긍정적으로 바라보는 것'을 말하고, 낙관주의는 '온갖 난관과 좌절에도 불구하고 미래의 삶은 궁극적으로 좋아질 것이라고 믿는 신념'을 말한다. 역경의 시기에 빛을 발하는 심리적 자본의 가치는 건강한 자존감이 삶의 어려운 시기를 이겨 내는 심리적 요인으로 작용한다는 점에서 매우 유사하다고 할 수 있다. 아마도 '심리적 자본의 근원적 출발점을 자신에게서 찾아 발견한 것이 자존감이 아닐까'라는 생각을 조심스럽게 해 본다.

필자는 오랜 기간 고성과자들과 인터뷰를 하며 역경을 이겨 내는 힘의 핵심을 파악할 수 있었다. 그것을 단순화하면 '실패를 긍정적으로 해석하는 습관'이다. 모든 영업인에게 역경과 슬럼프는 찾아오기 마련이다. 문제는 '그 역경에 어떤 의미를 부여하고 미래 지향적으로 해석할 것인가'다. 이는 비단 영업 현장에만 국한되는 이야기가 아니다. 모든 이의 삶에 적용할 수 있는 메시지다. 역경에는 '교훈'이 숨어 있다. 아마도 각자가 더욱 성숙하고 행복에 다가가도록 이끄는 배움의 소재 정도가 아닐까 생각한다.

풍부한 심리적 자본과 건강한 자존감은 개념상으로 유사해 보이지만, 구체적으로 어떤 관련성이 있는지는 따져 보아야 한다. 분명한 점은 두 개념 모두 영업인이 어려움에 처했을 때 문제를 해결할 도구임에는 틀림없다는 사실이다.

슬럼프나 포기하고 싶은 순간은 영업인이라면 누구에게나 닥칠 수 있다. 이런 순간에 비관적인 영업인은 포기하지만 낙관적인 영업인은 다시 일어선다는 점이 차이일 뿐이다. 낙관적인 영업인은 쉽게 절망하거나 포기하지 않는다. 한 가지 방법에서 실패했더라도 곧 다른 방법을 찾아 나선다. 한 지역에서 실패했다면 다른 개척지를 물색한다. 어떤 가망고객과 계약에 실패했더라도 실망하지 않고 다른 가망고객을 찾아간다. 고성과를 내는 영업인, 즉 실패했지만 극복하고 다시 일어선 영업인 사례를 보면 금방 알 수 있다. 이들의 공통점은 실패의 순간에 포기하지 않고 일어섰다는 것이다. 회복탄력성과 낙관주의가 없었다면 불가능한 일이다.

그렇다면 이제 영업 고수는 회복탄력성과 낙관주의를 어떻게 실천하는지 구체적으로 알아보자.

잘못된 신념이 잘못된 결과를 낳는다

인간은 나쁜 일을 겪게 되면 그것을 나름대로 해석해서 결론을 내린다. 이때 비관주의자들은 대개 부정적인 결론을 내리고, 그것을 마치 사실인 양 인정해 버린다. 다른 영업인들은 아주 쉽게 좋은 성과를 내는데 자기는 열심히 하고도 좋은 결과를 내지 못하면 답답하다. 영업인들이 흔히 겪는 상황이다.

이럴 때 당신은 어떻게 받아들이고 생각하는가? 대부분의 사람들은 잘못된 신념을 갖기가 쉽다. 예를 들어 자신은 영업에 능력이 없다거나, 제품이 썩 좋지 않다거나, 영업으로 돈을 벌기는 힘들겠다는 등의 생각을 한다. 이런 잘못된 신념이 굳어지면 결과는 뻔하다. 영업을 포기한다. 나쁜 상황에서 잘못된 신념은 잘못된 결과로 이어진다. 당연하다. 잘못된 결과는 무엇일까? 슬럼프가 길어지거나 시도 자체를 포기하는 것이다.

이제 영업인들이 나쁜 일을 당했을 때 어떤 잘못된 신념이 잘못된 결과를 낳게 되는지 알아보자. 여기에서 예를 든 것 말고도 영업을 하면서 겪는 나쁜 일은 더 많을 것이다. 그래서 뒤에 빈칸을 남겨 두었다. 그곳에 직접 적어 보기 바란다.

나쁜 일: 1주일 이상 발바닥이 부르트도록 다니며 명함과 전단지를 돌렸는데 문의 전화나 주문 전화가 한 통도 없다.

잘못된 신념: 이 정도 했는데 주문 전화가 한 통도 없다니, 회사나 제품이 시원찮은 게 틀림없다. 나도 영업에는 자질이 부족한 것 같다.

잘못된 결과: 더 이상 해보았자 소용없다. 다른 직장을 알아봐야겠다. 고정 월급을 받을 수 있는 곳을 알아보자.

나쁜 일: 첫인상도 좋고, 주변에 친구도 많아서 자신 있게 영업을 시작했는데 원하는 만큼 결과가 나오지 않았다.

잘못된 신념: 나는 영업에 재주가 없다. 역시 영업은 아무나 하는 게 아니다. 영업은 타고난 재주가 필요한 일이다.

잘못된 결과: 이달 말까지만 하고 고정급을 받을 수 있는 일을 알아보자.

나쁜 일: 오랜만에 오전에 계약을 한 건 따내서 기분이 좋았는데 오후에 막무가내로 해약하겠다는 전화가 왔다.

잘못된 신념: 나는 상품 설명 능력이 부족해서 고객에게 제품에 대한 신뢰감을 주지 못했다. 내가 하는 일은 늘 이 모양이다. 제대로 하는 일이 하나도 없다.

잘못된 결과: 그날 이후 며칠 동안 기분이 안 좋아 영업 활동을 못 했다.

나쁜 일: 한 3년 정도 영업을 하니 이제 영업이 지겹다. 개척하랴 수금하랴 팀원 관리하랴 힘만 들고 수입은 생각처럼 많지 않다.

잘못된 신념: 영업은 스트레스가 심한 일이다. 월급이 적어도 마음 편하게 근무했으면 좋겠다. 다른 데 가서 이 정도 열심히 일했으면 더 많은 급여를 받았을 것이다.

잘못된 결과: 의욕이 떨어져 매출이 곤두박질쳤다. 팀원 관리도 소홀하며 불만이 많다.

나쁜 일: 수금이 제대로 되지 않아 내 돈으로 대신 입금했다. 벌써 몇 달째 그렇다. 처음 들어올 때 통장에 500만 원 있었는데 이제 얼마 남지 않았다.

잘못된 신념: 영업하다가 빚을 졌다는 말을 많이 들었는데 수금이 안 되니 그런 것이었다. 나도 빚을 지기 전에 그만두어야겠다.

잘못된 결과: 더 이상 내 돈 들어가기 전에 정리해야겠다.

나쁜 일: 남편이 어디서 무슨 이야기를 들었는지 내가 하는 일이 다단계 아니냐며 그만두라고 한다. 일도 힘든데 남편까지 구박이다.

잘못된 신념: 다른 사람들은 남편이 일하는 것을 격려해 주고 도와준다는데 이 사람은 오히려 방해하고 있으니 속상하다. 굳이 이런 말을 들어가며 일할 필요가 있을까?

잘못된 결과: 일도 힘들었는데 잘됐다. 이번 기회에 남편이 반대한다는 핑계를 대고 그만두어야겠다.

나쁜 일: 내가 일을 시작한 후 집 안이 엉망이고 아이들 학교 성적도 자꾸 떨어진다고 남편이 잔소리한다.

잘못된 신념: 맞는 말이다. 여자가 가정을 돌보지 않으면 모든 것이 엉망이 된다. 아이들도 내가 돌보지 않아서 성적이 떨어졌으니 아이들에게 미안하다. 돈 몇 푼 벌기 위해 가정을 소홀히 할 수는 없다.

잘못된 결과: 남편이 영업을 반대한다고 핑계를 대고 그만둔다.

나쁜 일: 팀장이 내게 전혀 신경을 쓰지 않는다. 다른 팀장들은 같이 활동도 나가고, 팀원 앞으로 계약도 넘겨 준다는데 우리 팀장은 자기 욕심 챙기기에 급급하다.

잘못된 신념: 이런 사람한테서는 배울 게 아무것도 없다. 더구나 내가 일을 많이 하면 팀장 급여가 올라간다는데 내가 왜 그런 짓을 해야 하는가. 남 좋은 일만 하기는 싫다.

잘못된 결과: 영업 활동에 소극적이 된다. 출근도 하기 싫다. 다른 사람에게 담당 팀장에 대해 부정적인 말을 한다.

나쁜 일: 뜨거운 여름이다. 이런 날 고객 방문 활동은 얼굴에 기미만 올라오게 하고 실적은 오르지 않는다. 고객들도 불쾌지수가 높아 괜히 짜증을 낸다.

잘못된 신념: 더운 날은 다녀 보았자 소용없다. 한참 더울 때는 고객 방문을 자제하는 것이 예의다. 좀 더 선선해지면 열심히 일하자.

잘못된 결과: 매출과 소득이 줄어들었다. 오랫동안 고객을 방문하지 않았더니 고객이

타사와 거래를 시작했다.

나쁜 일: _____
_____
_____

잘못된 신념: _____
_____

잘못된 결과: _____
_____

나쁜 일: _____
_____
_____

잘못된 신념: _____
_____

잘못된 결과: _____
_____

나쁜 일: _____

_____

_____

잘못된 신념: _____

_____

잘못된 결과: _____

_____

나쁜 일: _____

_____

_____

잘못된 신념: _____

_____

잘못된 결과: _____

_____

나쁜 일: _____

_____

_____

잘못된 신념: _____

_____

잘못된 결과: _____

_____

나쁜 일: _____

_____

_____

잘못된 신념: _____

_____

잘못된 결과: _____

_____

잘못된 신념이 잘못된 결과를 낳는다. 영업인에게 좋지 않은 결과다. 슬럼프에서 빠져나오지 못하고 결국 포기하는 영업인의 특징은 지속적으로 잘못된 결과만을 만들어 낸다는 것이다. 그럼 어떻게 해야 할까? 일시적으로 잘못된 신념을 품게 되더라도 어떻게 하면 좋은 결과로 전환할 수 있을까? 고성과 영업인들은 이런 순간에 어떤 방법으로 회복 탄력성을 발휘해 낙관주의자가 되었을까? 어떻게 절망하지 않고 고성과를 만들어 냈을까?

Chapter 4

낙관주의자가 되라

잘못된 신념을 반박하라.

신념은 중요하다. 신념이란 어떤 상황을 받아들이는 믿음 체계라고 할 수 있다. 이 신념에 따라 같은 상황이라도 결과는 크게 다르다. 영업인에게 가장 중요한 것은 자기 자신을 믿는 자신감이다. 자신을 비관적으로 생각하느냐 낙관적으로 생각하느냐가 영업 성과에 바로 반영된다. 자신감 있는 영업인은 높은 성과를 올리므로 자신감이 점점 올라간다. 반대로 자신을 비하하는 사람, 즉 자기효능감이 없고 자신감이 없는 비관적인 영업인은 영업 활동이 위축되어 보잘것없는 성과밖에 낼 수 없다. 영업에서 좋은 성과를 내려면 영업인의 믿음 체계를 비관주의에서 낙관주의로 바꿔야 한다.

바로 앞에 나쁜 일, 잘못된 신념, 잘못된 결과 사례에서 당신과 비슷한 상황이 있다면 이제 낙관주의로 바꾸는 방법을 알아보자. 당신이 해야 할 일은 잘못된 신념을 반박하는 것이다. 우리는 흔히 다른 사람이 나를 비판하면 변명성 반박을 잘한다. 하지만 자기 자신을 스스로 비난하는 것에는 반박하지 않고 그대로 인정하려고 한다. 그것이 신념으로 고착되어 바람직하지 않은 결과를 가져온다.

예를 들어 보자. 누군가 "당신이 취급하는 제품은 이제 한물갔습니다"라고 비판한다면 당신은 회사와 제품의 우수성을 열심히 설명하며 반박할 것이다. 그러나 당신 스스로 "우리 회사 제품은 한물갔어. 좀 더 연구해서 소비자가 찾는 제품을 만들면 좋겠는데" 하고 비판하면 반박하지 않고 그대로 인정해 버린다. 자기가 자신에게 비난하는 데는 반박하지 못하고 순순히 인정해 버리므로 잘못된 신념이 굳어지고 결국 잘못된 결과를 낳는다. 그러므로 머릿속에 잘못된 신념이 굳어지기 전에 반박을 해야 한다. 그래야 잘못된 신념이 잘못된 결과로 이어지지 않는다. 다음 사례를 보자.

나쁜 일: 1주일 이상 발바닥이 부르트도록 다니며 명함과 전단지를 돌렸는데 문의 전화나 주문 전화가 한 통도 없다.

잘못된 신념: 이 정도 했는데 주문 전화가 한 통도 없다니, 회사나 제품이 시원찮은 게 틀림없다. 나도 영업에는 자질이 부족한 것 같다.

반박: 무엇을 하든 겨우 1주일 해보고 결정하는 것은 너무 성급하지 않은가. 조금만 더 해보자. 그리고 전단지 돌리는 데도 요령이 있을 거야. 다음 주에는 무턱대고 전단지를 돌리지 말고 견본품이나 조그만 선물도 함께 주자. 실적이 좋은 팀장님을 따라다니며 어떻게 하는지 살펴보기도 하자. 그리고 내가 영업 자질이 전혀 없는 것도 아니잖아. 어릴 때는 어른들한테 붙임성 있는 성격이라고 칭찬도 많이 듣고 친구들한테 인기도 좋았는걸. 내가 아직 경험이 없어서 그럴 거야.

자기가 스스로에게 하는 부정적인 생각을 반박하기란 쉽지 않다. 나 자신을 내가 가장 잘 알고 있다고 생각하기 때문이다. 그래서 반박을 하는 데도 요령이 필요하다. 반박을 할 때는 다음 네 가지 요소가 중요하다. 첫째는 내 믿음이 잘못되었다는 증거를 찾아내는 것이고, 둘째는 지금 내 상황을 다르게 볼 수 있는 여지를 찾는 것이다. 셋째는 지금 내가 처한 상황이 비록 나쁘다고 할지라도 그것 때문에 포기할 수 없다는 이유를 찾는 것이고, 넷째는 비록 내가 품고 있는 믿음들이 사실이라고 하더라도 그 믿음대로 사는 것이 나에게 유리한지 다르게 생각하는 것이 유리한지 유용성을 따져 보는 것이다. 다음 네 가지 질문에 답을 하다 보면 어느새 나쁜 일을 바라보는 관점이 비관주의에서 낙관주의로 바뀌게 된다.

- 그것이 사실인가? (증거)

- 다르게 볼 여지는 없는가?(대안)

- 그래서 어떻다는 것인가?(함축)

- 그것이 어디에 쓸모가 있는가?(유용성)

이 네 가지 요소를 이용해 실제로 어떻게 반박할 수 있는지 살펴보자.

나쁜 일: 주변에 아는 사람이 제법 있어서 자신 있게 영업을 시작했는데, 3개월이 지나니까 이제 더 이상 판매할 곳이 없다.

잘못된 신념: 나는 영업에는 재주가 없나 보다. 역시 영업은 아무나 하는 게 아니다. 개척 판매를 하라는데 자신이 없다. 도대체 어디 가서 개척 판매를 하라는 건가. 영업이 이렇게 어려운 줄 알았으면 시작하지 않았을 텐데 후회된다.

반박(대안): 아는 사람에게 쉽게 판매를 하다 보니 판매 기술이나 제품 지식이 부족했어. 개척 판매에 필요한 지식이나 기술이 필요한데 난 배우려고도 하지 않았어. 실적이 좋은 팀장님을 며칠 따라다니며 어떻게 하는지 배워야 할 것 같다. 그리고 이제 3개월밖에 안 되었잖아. 공부하며 좀 더 열심히 해보자. 철수 씨는 나보다 조건이 좋지 않은데도 잘하고 있지 않은가.

나쁜 일: 오랜만에 오전에 계약을 한 건 따내서 기분이 좋았는데 오후에 막무가내로 해약하겠다는 전화가 왔다.

잘못된 신념: 나는 상품 설명 능력이 부족해서 고객에게 제품에 대한 신뢰감을 주지 못했다. 내가 하는 일은 늘 이 모양이다. 제대로 하는 일이 하나도 없다.

반박(증거): 이런 일에 일희일비하지 말자. 나도 계약을 했다가 불가피하게 해약한 적이 있는데, 고객도 특별한 사정이 있겠지. 그까짓 것 가지고 기분 나쁘면 나만 손해야.

나쁜 일: 한 3년 정도 영업을 하니 이제 영업이 지겹다. 개척하랴 수금하랴 팀원 관리하랴 힘만 들고 수입은 생각처럼 많지 않다.

잘못된 신념: 영업은 스트레스가 심한 일이다. 월급이 적어도 마음 편하게 근무했으면 좋겠다. 다른 데 가서 이 정도 열심히 일했으면 더 많은 급여를 받았을 것이다.

반박(대안): 솔직히 일에 몰입하지는 않았다. 하루를 따져 보면 일하는 시간은 얼마 되지 않는다. 일하지 않고 월급을 많이 받을 수는 없지 않은가. 목표와 계획을 세워 일에 몰입해 보자. 개척이나 고객 관리에 좀 더 시간을 투자하면 분명 나은 결과를 얻을 거야. 어제 읽은 책에서도 계획을 세워 표준 활동을 해야 한다고 하지 않던가. 그리고 고객 관리를 철저히 해서 소개 판매를 할 수 있도록 하자.

나쁜 일: 수금이 제대로 되지 않아 내 돈으로 대신 입금했다. 벌써 몇 달째 그렇다. 처

음 들어올 때 통장에 500만 원 있었는데 이제 얼마 남지 않았다.

잘못된 신념: 영업하다가 빚을 졌다는 말을 많이 들었는데 수금이 안 되니 그런 것이었다. 나도 빚을 지기 전에 그만두어야겠다.

반박(함축): 영업을 하다 보면 그럴 수도 있지. 내가 돈을 허투루 쓴 게 아니고 고객에게 깔려 있는 돈 아닌가. 장사를 하다 보면 외상 거래가 있듯이 영업도 그런 게 어느 정도는 있다고 생각하자. 다만 한 사람에게 너무 많은 미수금이 생기지 않도록 조심하자.

나쁜 일: 남편이 어디서 무슨 이야기를 들었는지 내가 하는 일이 다단계 아니냐며 그만두라고 한다. 일도 힘든데 남편까지 구박이다.

잘못된 신념: 다른 사람들은 남편이 일하는 것을 격려해 주고 도와준다는데 이 사람은 오히려 방해하고 있으니 속상하다. 굳이 이런 말을 들어가며 일할 필요가 있을까?

반박(대안): 분명 오해가 있을 것이다. 고객이 하는 말은 어떤 말도 참으면서 남편이 하는 말에 못 참을 이유가 없다. 남편에게 회사를 구경시켜 주고, 내가 다니는 회사는 다단계가 아니라는 사실을 보여 주어야겠다.

나쁜 일: 팀장이 내게 전혀 신경을 쓰지 않는다. 다른 팀장들은 같이 활동도 나가고, 팀원 앞으로 계약도 넣어 준다는데 우리 팀장은 자기 욕심 챙기기에 급급하다.

잘못된 신념: 이런 사람한테서는 배울 게 아무것도 없다. 더구나 내가 일을 많이 하면 팀장 급여가 올라간다는데 내가 왜 그런 짓을 해야 하는가. 남 좋은 일만 하기는 싫다.

반박(유용성): 어차피 영업은 홀로서기다. 언제까지 팀장이 주는 먹이만 받아먹으려 하는가. 불평하고 마음 상해 보았자 그게 무슨 소용이 있겠는가? 마음만 괴롭고 일도 안 되고, 결국 나만 손해다. 팀장 보고 입사한 건 아니지 않은가. 나는 나중에 훌륭한 팀장이 되자.

나쁜 일: 뜨거운 여름이다. 이런 날 고객 방문 활동은 얼굴에 기미만 올라오게 하고 실적은 오르지 않는다. 고객들도 불쾌지수가 높아 괜히 짜증을 낸다.

잘못된 신념: 더운 날은 다녀 보았자 소용없다. 한참 더울 때는 고객 방문을 자제하는 것이 예의다. 좀 더 선선해지면 열심히 일하자.

반박(증거): 선배들 말을 들으니 비오는 날, 더운 날 방문하면 고객들이 미안해서 상담 결과가 좋다는 의견이 많았다. 추운 날도 했는데, 추운 것보다는 낫지 않은가.

어떤가? 당신도 해당되는 사례가 있는가? 당신이 써먹을 만한 방법인가? 물론 여기에 나와 있는 사례보다 더 많은 일이 영업인을 잘못된 방향으로 몰고 갈 것이다. 그러나 반박을 잘하면 포기와 실패의 늪에서 헤어 나올 수 있다. 다시 한 번 강조한다. 반박이 중요하다. 머릿속에 부정적인 생각(잘못된 신념)이 들 때마다 긍정적으로 반박하는 습관을 기르자. 반박을 위한 질문 네 가지를 기억하자. ① 그것이 사실인가?(증거) ② 다르게 볼 여지는 없는가?(대안) ③ 그래서 어떻다는 것인가?(함축) ④ 그것이 어디에 쓸모가 있는가?(유용성) 이 네 가지 질문이 여러분을 비관주의에서 건져 줄 것이다.

PART 05

매력적인 영업인의
조건

모든 사람의 자존감의 근저에는

나의 정직성과 윤리성에 대한 믿음이 존재한다.

이 토대가 튼튼하지 않으면 건강한 자존감을 가질 수 없다.

거짓말을 자주 하고 사기를 일삼는 사람들의

자존감이 낮은 이유다.

Chapter 1

자기호감의 토대, 윤리성

나에게 정직하지 못하면 남에게도 당당할 수 없다.

자존감 워크숍을 진행하다 보면 참가자 간에 인사를 나누면서 자신을 매우 상세하게 소개하는 사람들을 본다. 이들은 대체로 사교적이고 개방적이다. 자연스러운 자기 개방은 자신을 매력적인 존재로 생각할 때 나타나는 행동이다. 자기 자신에게 호감을 가진 사람에게서 볼 수 있다.

프로이트는 그의 초기 저작에서 신경증적 증상들이 내면의 불안 또는 그런 불안에 대한 방어일 수 있음을 암시했다. 이를 자존감의 관점에서 보면 신경증적 증상을 겪고 있는 사람이 자아에 대해 갖는 미흡함, 부족함, 허무감, 우울감 같은 부정적 느낌은 불안이 될 수 있고, 이런 불안에 대한 방어기제로 자신을 가장하거나 지나친 허풍을 떤다. 자기호감이 낮은 사람이 보여 주는 전형적인 행동이다. 주변에도 잦은 거짓말로 신뢰를 잃은 사람들이 있을 것이다. 얼마 지나지 않아 바로 들통날 뻔한 거짓말을 하는 그들의 심리는 무엇일까? 낮은 자존감에서 그 이유를 찾을 수 있다.

영업 현장에서는 눈앞의 거래를 성사시키기 위해 고객을 속이거나, 변칙 또는 부도덕한 방법으로 수익을 내는 이들도 간혹 발견할 수 있다. 부정직한 영업은 오래갈 수 없다. 경우에 따라 영업인이 책임을 져야 하므로 더 큰 것을 잃을 수도 있다. 도덕성과 진실성이 빈약하면 그 위에 성공을 위한 벽돌을 쌓을 수 없다. 곧 허물어지고 만다. 영업에서 윤리성은 더욱 분명한 명제다. 그런 의미에서 간디가 한 다음의 말을 기억해야 한다.

> 내 안에 뿌리 내린 것 중에 하나는 도덕성이 모든 것의 근본이라는 것과 진실이 모든 도덕성의 본질이라는 확신이다.

한 고객이 차량 고장으로 수리를 받으러 방문했다. 이를 상담하던 직원이 성과를 높이려고 차량의 이 부분 저 부분을 지적하며 관련 부품을 줄줄이 바꿀 것을 권유했다. 고객은 직원을 믿고 안전을 위해 모든 부품을 교환했다. 차량 수리를 마친 고객은 귀가한 후 얼마 되지 않아 다시 그 직원을 찾았다. 자신이 소속된 커뮤니티에 그날 받은 수리 내역을 이야기했더니 엄청난 바가지를 썼다고 당장 항의하라는 회원들의 코칭을 받은 것이다.

요즘 고객은 과거보다 훨씬 많은 정보로 무장하고 영업인을 만난다. 어떤 고객들은 영업인과 거의 같은 무기를 들고 전쟁터에서 만나기도 한다. 고객을 우습게 보면 큰 낭패를 당할 수 있다. 어떤 고객들은 다시는 그 영업인을 찾지 않을 것이고, 일부 고객들은 커뮤니티에 그 사실을 알려 잠재적인 고객을 쫓아 버릴 것이다. 또 어떤 고객들은 강력하게 항의해 영업인을 당황스럽게 할 수도 있다.

최근 소비 트렌드 중의 하나가 '비대면(un-contact) 영업'의 활성화다. 각종 키오스크가 과거 판매원이 했던 일을 대신하고 있다. 따라서 사람과 접촉 없이 구매가 일어난다. 근래에 들어 더욱 활성화하는 전자상거래는 비대면 영업의 전형이다. 복덕방을 찾아 나섰던 사람들이 이제는 간단한 애플리케이션으로 집주인과 직접 소통한다. 이 같은 변화의 시기에 영업인은 설 곳이 없어졌다고 실의에 빠지고 말 것인가? 이제 영업이라는 직업을 그만두어야 하는가?

그렇지 않다. 이제야말로 사람만이 제공할 수 있는 가치에 주목해야 한다. 그 가치 중 가장 큰 것이 바로 신뢰다. 사람 사이에 믿음이 쌓이면 고객은 안도감과 존중감을 느끼게 되고 결국 구매를 결정한다.

'저 영업인은 틀림없어', '저 영업인은 절대 사람을 속이지 않아', '저 영업인은 내 편이야' 하고 고객이 인정한다면 충성고객이 된다. 그리고 평범한 수준의 실적 이상을 거두려면 반드시 나를 대신해서 영업을 해 줄 수 있는 진정한 충성고객, 나의 우군(友軍)을 만들어야 한다.

신뢰가 무엇인지 단적으로 보여 주는 한 사례를 고전에서 찾아보자. 다음은 『전국책』에 나오는 이야기다.

위(魏)나라 문후(文侯)가 우인(사냥터를 돌보는 관리)과 사냥을 가기로 약속해 놓았는데 마침 그날은 잔치가 벌어져 즐거운 데다가 비까지 내리고 있었다. 그런데도 문후가 나가려고 하자 좌우가 물었다.

"오늘 주연이 이렇게 즐겁고 비까지 내리는데 공께서는 그래도 나가시려고 합니까?"

문후는 이렇게 대답했다.

"내가 우인과 사냥을 약속했는데 노는 것이 더 즐겁다고 하더라도 어찌 한 번 맺은 약속을 저버릴 수 있겠는가?"

그러고는 나서서 몸소 우인에게 사냥 약속을 미루고 돌아왔다. 위나라는 이때부터 강성해지기 시작했다.

위나라 문후가 사냥터 관리인과 한 약속은 왕의 입장에서 볼 때 하찮은 것일 수도 있다. 이런 경우 신하를 시켜 비가 와서 사냥을 뒤로 미루겠다고 전해도 된다. 그러나 문후는 손수 찾아가서 약속을 미루고 왔다. 약속을 지키는 일이 얼마나 중요한지 아는 사람이다. 그 이후부터 위나라는 강성해졌다고 하니 신뢰가 갖는 힘이 얼마나 위대한지 알 수 있다.

영업인은 매력적인 존재가 되어야 한다. 그 매력 속에는 손쉽게 고객을 이용하고 버리지 않는 진중한 정직성과 따뜻한 인품이 담겨 있다. 이는 거울을 보며 만들어 낸 자연스러운 미소나 몸에 딱 맞는 슈트 라인보다 훨씬 값지다. 신뢰를 무기로 좋은 성과를 내는 영업인의 사례 몇 가지를 살펴보자.

신차가 출시된다는 정보를 알고 있음에도 불구하고 고객에게 속이고 구 모델을 파는 경우가 있습니다. 저는 차 한 대는 더 팔지 몰라도 평생 고객을 잃을 수 있다는 생각에 정직하게 영업했습니다.

많은 이야기를 나누는 고객은 꼭 차를 삽니다. 저도 솔직하게 제 이야기를 하면 고객도 저를 격의 없이 대합니다. 주변에서는 제가 고객과 박장대소하며 이야기하는 것을 보면 놀라기도 하는데, 저는 즐기면서 대화를 나눕니다. 저는 고객이 진심으로 궁금합니다.

저는 양심에 당당하기 때문에 항상 자신이 있습니다. 당당하게 고객에게 여러 선택지를 제시할 수 있습니다.

고객과 한 약속은 제가 할 수 있는 것이라면 어떤 일이 있어도 지켰습니다. 안 되면 정성껏 그 이유를 설명하고 양해를 구했습니다. 평소에 제가 어떻게 대했는지 아는 고객들은 그런 제 말을 믿어 주고 이해해 주는 경우가 많았습니다.

짧게는 고객을 속일 수 있어도 그것이 오래갈 수는 없다. 소탐대실을 조심해야 한다. 정직한 영업으로 신뢰를 얻으면 고객한테서 믿을 만한 영업인이라는 평판을 얻을 수 있다. 영업인에게 이것만 한 자산이 어디 있겠는가. 당신의 도덕성 수준은 당신이 가장 잘 알 것이다.

Chapter 2

나다운 영업, 나의 강점에 주목하라

영업인은 자신의 강점에서 성공의 씨앗을 찾아야 한다.

사람은 누구나 자신의 문제를 스스로 해결할 능력을 지니고 태어났다고 믿는다. 당신이 가진 강점은 인생의 기본적인 도전을 극복할 수 있는 능력이다. 당신이 건강한 자존감을 갖고 있어야 강점을 쉽게 발견할 뿐 아니라 적절하게 활용할 수 있다.

아인슈타인은 "모든 사람은 천재다. 하지만 물고기를 나무 타기 실력으로 평가한다면 물고기는 평생 자신이 형편없다고 믿으며 살아갈 것이다"라고 말했다. 신은 각각의 사람에게 모든 종류의 천재성을 허락하지 않았다. 개개인은 그 천재성의 일부만을 지니고 태어났다. 자신이 타고난 천재성을 발휘할 수 있는 분야에서 일을 할 때 유능한 사람이 될 수 있다. 다른 분야에서 기웃거린다면 어리석은 짓이다.

최근 들어 강점에 대한 이해가 높아졌다. 10여 년 전 필자가 처음 강점에 대한 이야기를 들었을 때만 해도 이 개념은 매우 생소했다. 치명적인 약점이 성공의 발목을 잡기 때문에 그 약점 보완이 성공을 위한 우선적인 전략이라 여겨졌다. 필자는 수년 전 강점 코칭을 경험하면서 강점에 대한 생각을 바꾸었다. 강점을 활용하면 성공에 쉽게 다가갈 수 있다는 주장에 필자는 깊이 동의했다. 나 자신이나 다른 사람의 경험에 비추어 보더라도 사람은 수행하기 편하고 자신 있는 재능을 발휘하면서 성취를 이루어 낸다. 약점 보완은 실패를 예방할 수 있겠지만 성공의 확률을 높일 수는 없다. 오히려 강점을 활용하면 고질적인 약점도 극복할 수 있다.

그렇다면 자신의 강점은 어떻게 파악해야 할까? 자신의 강점을 발견하려면 지금까지 경험했던 가장 행복했던 순간, 가장 자랑스러웠던 성취의 순간, 가장 몰입했던 순간을 떠올려 보아야 한다. 마치 섬광이 머리를 치는 듯한 아이디어의 번뜩임, 강렬한 희열을 느꼈던 그 순간에 자신의 강점을 직·간접적으로 알게 된다. 자신의 강점을 파악할 수 있는 적당한 방법이 있다. 다음과 같이 질문해 보자.

- 지금까지 일하면서 가장 보람 있는 순간은 언제였는가?
- 최근 몇 개월간 일하면서 최고의 날은 언제였는가?
- 어떤 일을 할 때 가장 즐거웠는가?
- 그 일을 할 때 가장 즐거운 이유는 무엇인가?

　강점은 단순히 어떤 일을 잘한다는 뜻이 아니다. 아직 잘하지는 못하지만 본능적으로 하고 싶고, 시간이 지날수록 더 잘할 수 있는 일이다. 어떤 일에 강점이 있는 사람은 그렇지 않은 사람보다 성장 속도가 빠르고 더 좋은 결과를 창출한다.

　강점과 관련된 많은 연구가 있지만 잘 알려진 대표적 연구를 소개하고자 한다. 도널드 클리프턴(Donald Clifton)과 갤럽의 강점 연구는 지난 30여 년간 약 200만 명을 대상으로 진행되었다. 그들은 방대한 데이터를 바탕으로 인간의 강점 34개를 제시했다. 이 가운데 영업과 관련 깊은 강점을 선별해 소개하고자 한다. 자신을 설명한다고 생각되는 강점이 있는지 찾아보기 바란다. 더 많은 자료를 원한다면 『위대한 나의 발견 강점 혁명』을 참고하기 바란다.

첫째, 계획 '실행'과 관련 있는 강점이다. 이 강점을 지닌 사람은 흔히 '성공적인 행정가나 추진자'로 인정받는다. 구체적으로 여기에 포함되는 강점은 다음과 같다.

- **성취**(Achiever): 지치지 않는 에너지로 일을 완수하는 강점이다. 이 강점을 지닌 이들은 성공과 성취를 강하게 열망한다. 뭔가를 실행하고 달성해야만 만족감을 느낀다. 일정한 목표를 달성하면 그다음 목표를 바라보는 열정의 화신이다. 척박한 영업 환경을 극복하고자 누군가를 투입해 시장을 개척해야 한다면 이 강점을 지닌 영업인이 적격이다.

- **집중**(Focus): 여러 가지 일이 동시 다발적으로 발생하더라도 우선순위를 정해 문제를 해결하는 강점이다. 이 강점을 지닌 사람은 가장 효율적으로 일하는 방법을 알고 있다. 이들이 목표에 집중하는 열정은 매우 높다. 여러 고객을 효율적으로 관리하면서 최종적으로 높은 목표 달성률을 기록한다. 여러 영업 거래 건을 동시에 관리해야 하는 업종에서 일하는 영업인에게 필요한 강점이다.

- **책임**(Responsibility): 이 강점을 지닌 이들은 자신의 약속에 대해 강한 책임감(ownership)을 가진다. 이들은 정직성과 충실함 같은 가치를 중시한다. 사후 품질 관리가 필요하거나 프로젝트 영업을 하는 업종에서 이런 강점은 매우 유용한 자질로 평가받을 수 있다.

둘째, 다른 사람에게 동기를 부여하거나 건설적인 영향력을 끼치는 것과 관련 있는 강점이다. 이 강점을 지닌 사람은 '타고난 동기부여자 또는 멘토'로 인정받는다. 이에 해당되는 강점은 다음과 같다.

- **소통**(Communication): 생동감 있는 표현력과 귀에 쏙 들어오는 설명력을 보여 줄 수 있는 강점이다. 이 강점을 지닌 이들은 대체로 달변가이며, 상황에 맞는 적절한 말을 잘 알고 있다. 이들은 제품을 잘 설명할 수 있는 절묘한 표현을 알고 있다. 영업인에게 고객의 욕구를 충족하는 설명 능력이 있다면 큰 강점이다.
- **최상화**(Maximizer): 이 강점을 지닌 이들은 '탁월함'에 관심이 많다. 못하는 일을 잘하게 하는 것보다 잘하는 일을 더욱 잘하게 하는 데 훨씬 큰 흥미를 느낀다. 이 강점을 지닌 이들은 일의 완성도를 높이는 데 강한 열의를 보인다. 시간이 지나면서 그들의 업무 능력은 더욱 완벽해진다. 이들이 리더가 되면 조직 전반에 탁월한 시스템을 만들어 낸다. 특히 영업 관리자가 이 강점을 가진다면 그가 영향력을 미치는 영역에서 지속적인 개선과 향상의 결과물을 만들어 낸다.
- **행동**(Activator): 머릿속에 계획만 세우기보다 실제로 뭔가 일어나게 만드는 강점이다. 이 강점을 지닌 리더들은 매우 실제적인 전략을 제시하고 가시적인 결과물을 만들어 내는 일에 탁월하다. 이들이 가

장 싫어하는 것은 탁상공론이다. 고객이 오기만을 기다리지 말고 먼저 움직여 찾아가도록 적극적으로 독려한다. 이들은 자신과 팔로워들의 활동량을 늘려 영업 성사 가능성을 높이는 전략을 취한다.

셋째, 다른 사람과 우호적인 관계를 맺는 데 도움을 주는 강점이다.
이 강점을 지닌 사람은 '친근하고 따뜻한 친구이자 휴머니스트'로 여겨진다. 다음 강점이 여기에 포함된다.

• **적응**(Adaptability): 유동적인 상황을 불안으로 여기지 않는 강점이다. 이 강점을 지닌 이들은 대체로 임기응변에 강하다. 새로운 시장이나 고객군을 개척하거나, 새로운 영업 환경에도 단기간에 적응할 수 있는 발군의 능력이 있다. 처음 실시하는 프로젝트에 투입되어도 예상치 못한 상황에 적절하게 대응할 수 있다. 신규 영업 전략을 시행할 때 우선적으로 고려할 수 있는 강점이다.

• **개별화**(Individualization): 이 강점은 각 개인이 가진 개성에 흥미를 갖는다. 영업은 고객의 개별적인 특성이나 요구에 맞추어 서비스를 제공하는 것이 필요하다. 고객에게 개인별 맞춤 서비스를 제공해야 하는 고품질 제품이나 서비스를 영업할 때 어울리는 강점이다.

• **긍정**(Positivity): 다른 사람을 긍정적인 열정으로 사로잡는 강점이

다. 영업은 흔히 기운이라고 하는데 이 강점은 다른 사람에게 긍정적인 에너지를 주기 때문에 영업인으로서 욕심을 낼 만한 강점이라 할 수 있다. 이 강점을 지닌 이들은 칭찬에 후하고 어려운 상황에서도 항상 긍정적인 가능성을 찾는다. 이미 슬럼프와 위기를 이겨 낼 힘이 내재되어 있는 사람이다.

넷째, 치밀한 사고 능력과 전략적 통찰력을 발휘하는 것과 관련 있는 강점이다. 이 강점을 지닌 이들은 제갈공명과 같은 전략가이자 분석가다. 다음 강점이 이 범주에 속한다.

- **분석**(Analytical): 수치적인 또는 논리적인 입증에 강점이 있다. 이 강점을 지닌 영업인은 고객을 숫자와 치밀한 논리로 설득하는 데 능숙하다. 철저하게 준비해서 고객을 만나기 때문에 영업 경력이 쌓인다면 타 강점에 비해 영업 성사 확률을 높일 수 있는 매력적인 강점이다. 실제로 많은 영업 고수에게서 확인할 수 있는 강점이다.
- **배움**(Learner): 이 강점은 뭔가를 배우고 알아 가는 일에 흥미를 갖게 한다. 배움으로 인한 성장을 추구하지만 '배우는 활동' 그 자체에서도 행복을 느낀다. 이 강점을 지닌 영업인은 특히 자신의 관심 분야, 예를 들면 운동, 문화 활동, 사교 모임 등에 몰입하면서 영업을

수행할 때 좋은 성과를 거둘 수 있다. 흥미로운 사실은 때로는 영업 실적이라는 가시적 성과와 이어지지 않아도 그 배움 활동 자체만으로도 만족감을 느낀다는 점이다.

- **전략가**(Strategic): 이 강점은 시나리오와 관련이 있다. 이슈나 상황에 영향을 주는 요인을 분석해서 대응 시나리오를 작성하는 일에 능력을 발휘한다. 영업 협상 과정에서 고객의 다양한 반응별 대안을 머릿속에 그려 놓고 영업을 하기 때문에 종국적으로 영업 성사율을 높이는 데 큰 도움이 될 수 있다.

이외에도 소개하지 못한 강점들이 많다. 위에서 소개한 강점 분류의 틀과 개념 말고도 다양한 관점이 존재한다. 어떤 것이든 좋다. 자신을 정확히 이해하고, 강점과 재능을 찾을 수 있는 것이라면 무엇이든 유익하다. 영업인은 사교적이어야 한다는 고정관념은 버려도 좋다. 자신이 가진 고유의 강점은 부족한 사교성도 커버할 수 있다.

당신에게는 어떤 강점이 있는가? 당신의 강점을 찾아냈다면 그것을 어떻게 영업 활동에 활용할 수 있을지 고민해야 한다. 약점에 마음 두지 말자. 자신의 강점에 집중해 보자. 강점을 계발하고 활용하다 보면 단점은 묻혀 버린다. 영업에 흥미를 느끼고 지금보다 높은 생산성을 경험할 것이다.

Chapter 3

전문성을 갖춘 친근한 영업인이 되라

언제든 편안하게 문의할 수 있는 친근한 이웃 같은 영업인이 환영받는다.

고성과 영업인에게 "고객에게 어떤 이미지로 남고 싶습니까?"라고 질문을 했다. 그랬더니 가장 많이 나온 답변이 생각 밖이었다. 영업 고수가 원하는 것은 전문성으로 무장한 프로 영업인이나 가려운 곳을 시원하게 긁어 주는 컨설턴트 같은 이미지가 아니라 '친근한 이웃 같은 따뜻한 이미지'였다. 좀 더 상세히 그 의미를 확인해 보니 '전문성은 기본'이라고 이구동성으로 답했다. 즉, 고성과 영업인이 원하는 이미지를 간추려 보면 '신뢰할 만한 전문성을 갖춘 친근한 이웃'이었다. 고성과 영업인들의 답변을 더 들어 보자.

제가 생각하는 멋진 영업인의 모습은 '파트너'입니다. 갑과 을이라는 관계는 상상하고 싶지 않습니다.

속이지 않는 영업인이라는 평판을 듣고 싶습니다. 제가 하는 말이라면 모두 믿는다고 하는 고객이 많았으면 좋겠습니다.

충성스러운 영업인입니다. '저 사람은 내게 진심을 다하는구나'라는 이미지를 심어 주고자 합니다.

정확하고 믿을 수 있는 전문가로 기억되고 싶습니다. 그러기 위해 제공하는 정보의 오류를 줄이고, 고객이 납득할 만한 자료를 철저히 준비합니다.

이미 3장에서 자기존중감이 높은 사람은 먼저 고객에게 다가가는 사교성이 있다고 말했다. 자기존중감이 높아야 타인에게 친근감을 발휘할 수 있다. 이런 영업인은 정확한 정보를 바탕으로 고객과 대화한다. 고객의 관심사를 질문하고 경청한다. 그들에게 무엇이 필요한지 기가 막히게 찾아낸다. 유머 감각도 있고 고객의 애경사를 챙기는 데 게을리하지 않는다. 이토록 '친근한 이웃 같은 따뜻한 이미지'를 만들기 위해 영업인은 많은 재능을 갖춰야 한다. 재능이라기보다 고객을 향한 관심이라고 말하는 사람도 있다. 하지만 유머 감각이 없는 사람이 유머를 하면 역효과가 난다. 그러므로 이 가운데 한 가지 기술이라도 세련되게 구사할 수 있다면 친근한 이미지를 심는 데 쓸모가 있다. 나는 그것을 '밝은 미소'라고 생각한다.

밝은 미소 짓기

영업인이라면 길에서 행인들에게 홍보 전단을 나눠 준 경험이 한 번쯤은 있을 것이다. 받아 가는 사람이 더 많지만 가끔 귀찮다는 표정을 지으며 받지 않는 사람도 있다. 이들의 표정에는 공통점이 있다. 차갑고, 거만하고, 도도하고, 심술궂고, 잘난 척한다는 느낌이다. 만약 영업인의 표정이 이렇다면 제품 이야기를 꺼내기도 전에 고객은 마음의 문을 닫아 버릴 것이다.

좋은 표정은 타고나는 것이 아니라 만들어진다. 연습으로 가능하다. 가장 먼저 할 일은 책상이나 식탁 등 평소 자주 있는 곳에 탁상용 거울 하나씩을 놓아두자. 그리고 거울을 보며 웃는 연습을 해보자. 이런 표정 저런 표정을 짓다 보면 멋있어 보이는, 고객에게 신뢰를 줄 수 있는 자신의 표정을 찾아낼 수 있다. 그 표정을 집중적으로 연습하면 된다.

양치질을 할 때 거울을 보며 할 수도 있고, 화장실에서도 할 수 있다. 양 볼이 얼얼해질 때까지 반복하다 보면 그 표정을 외울 수 있게 되고, 어느 순간 나도 모르게 그 표정이 나온다. 속상한 순간에도, 기분 나쁜 일이 생겼을 때에도 그 표정을 지을 수 있다. 놀라운 것은 웃는 표정을 지을수록 기분이 안정되고 마음이 편안해진다는 사실이다.

좋은 표정을 결정짓는 것은 눈, 코, 입인데, 웃는 연습을 하다 보면 이들의 모양이 바뀌면서 좋은 인상을 갖게 된다. 즉, 콧방울이 탄력 있게 발달하고 식록(코와 윗입술 사이)이 두툼해진다. 광대뼈도 발달하고 입꼬리가 올라가는데, 인상학(人相學) 분야를 개척한 주선희 교수에 따르면 이런 얼굴은 재복과 명예가 있는 상이다. '웃으면 복이 온다'라는 말이 사실인 듯싶다. 당신이 매력적인 외모가 아니더라도 실망할 필요 없다. 한 연구에 따르면 자주 방문해 얼굴을 많이 보여 줄수록 더욱 매력적으로 보인다고 한다. 생김새를 고치려면 많은 비용이 들어가지만 표정은 자신의 노력으로 얼마든지 고칠 수 있다.

뇌과학자들이 밝혀낸 거울신경세포는 영업인들이 왜 미소를 지으며 밝은 표정으로 고객을 만나야 하는지 충분한 증거를 보여 주고 있다. 우리는 텔레비전이나 영화에서 잔혹한 장면이 나오면 얼굴을 찡그리게 된다. 반면 웃는 얼굴이나 재미있는 표정을 보면 미소를 짓는다. 이것을 가능하게 하는 것이 우리 뇌 속에 있는 거울신경세포다. 이것 때문에 영업인이 미소를 띠고 활기찬 모습을 보여 줄 때 고객도 미소를 띠는 것이다.

신뢰할 만한 전문성 갖추기

여기서 영업인이 혼동하지 말아야 할 것은 고객에게 잘해 주는 친근한 이미지만으로는 결코 고성과를 낼 수 없다는 사실이다. 고객이 영업인에게 친근감을 갖더라도 전문성이 부족하다면 어떻게 믿고 제품을 구매할 수 있겠는가. 고성과 영업인이 '전문성은 기본'이라고 말하지 않았던가. 그렇다면 그 이유가 뭘까?

영업인이 전문성을 갖춰야 하는 첫 번째 이유는 고객은 영업인에게 '당연히 알고 있겠지' 하는 기대감이 있기 때문이다. 고객이 생각하기에 제품과 관련 있는 전문적 지식은 영업인에게 기본 사항이다. 그래서 완벽하게 알아야 한다. 뭔가 물으면 즉각 대답할 수 있어야 한다. 만약 그렇지 않으면 고객은 '영업인이 그것도 몰라? 기본이 안 되어 있잖아?' 하고 생각한다.

영업인이 전문성을 갖춰야 하는 두 번째 이유는 고객이 똑똑하기 때문이다. 요즘은 전반적으로 영업인의 상담 시간이 점차 줄어들고 있다고 한다. 고객이 많이 알고 오기 때문이다. 때로는 신제품 사양을 영업인보다 더 잘 알고 있다. 그래서 영업인이 긴장할 수밖에 없다. 고객은 1차적으로 알아본 후 영업인에게는 그 이상의 것을 물어 온다. 그러니 고객보다 더 많이 알아야 하지 않겠는가!

영업인이 전문성을 갖춰야 하는 세 번째 이유는 적극적인 상담이 가능하기 때문이다. 영업 현장에서 영업인이 소극적인 데에는 다 이유가 있다. 제품 지식이 부족하기 때문이다. 제품에 대해 환하고, 어떤 질문에도 답할 자신이 있으면 자연스럽고 주도적으로 고객을 이끌 수 있지만 그렇지 못하면 위축된다. 또 모르는 질문을 할까 봐 겁이 나다 보니 질질 끌려다닌다.

영업인이 전문성을 갖춰야 하는 네 번째 이유는 똑똑한 제품 설명이 계약으로 연결될 가능성이 높기 때문이다. 영업인의 제품 전달력을 10이라고 봤을 때 열정적으로 최선을 다한 상담은 10만큼 모두 고객에게 전달될 것이다. 그만큼 계약할 확률이 높다. 하지만 제품을 잘 모르고 또 적극적으로 상담하지 못하면 고객에게 8이라는 에너지밖에 전달하지 못한다. 2가 채워져도 계약할까 말까인데 말이다. 얼마나 많은 에너지를 주었느냐에 따라 계약에 점점 가깝게 다가갈 수 있다. 계약하고 싶으면 제품 설명을 잘해야 한다.

제품 공부는 신입이든 기존 직원이든 누구나, 언제나 해야 할 일이다. 평생교육이라는 말이 있듯이 영업인으로서 평생 공부해야 할 과목이 바로 제품 지식이다. 계약을 잘하는 비결이 분명히 있다. 제품뿐만 아니라 매달 다른 프로모션과 관련 세법, 상식 등도 꿰고 있어야 한다. 그리고 고객이 타사 제품과 고민할 때 공략할 방법도 숙지해야 한다.

고객이 신뢰할 만한 전문성을 갖추는 과정에서 간과하기 쉬운 점은 경쟁 업체 파악이다. 경쟁 업체를 연구해서 장점과 단점을 잘 파악해 놓으면 그 업체를 분석하는 데 도움이 될 뿐만 아니라 고객에게 자신의 회사, 제품, 서비스가 믿음직하다는 인상을 심어 줄 수 있다. 경쟁 업체를 잘 아는 것이 왜 유리한지 보여 주는 사례가 『하이 퍼포먼스 세일즈』에 나와 있다.

그녀는 우리 회사의 시스템을 쓰면 돈도 절약되고 비즈니스에서 필요한 모든 기준을 충족한다는 것에 합의했습니다. 그런데도 여전히 마음을 바꾸지 않더군요. 그건 그녀에게 크게 중요하지 않았고, 현재의 판매 업체가 잘못하는 것이 없기 때문에 우리가 '망쳐 놓으면' 큰 문제가 될 수 있었습니다.

우리는 우리와 경쟁하는 그 판매 업체가 규모는 작지만 훌륭한 서비스와 낮은 가격으로 공격적인 사업을 펼치는 회사라는 사실을 알고 있었습니다. 단점이라면 컴퓨터 시스템과 보고 체계에 약하고 프로그램과 제품

라인이 제한적이라는 것이었습니다. 우리는 또한 현재 가망고객인 이 회사가 여러 해 전에 매각된 적이 있으며 지금도 매각될 상황에 있다는 사실도 알아냈습니다. 나는 그녀에게 물었습니다.

"고객님 회사가 다시 매각될 것이라고 말씀하셨죠? 지난번 매각에서 아마도 많은 변화가 있었을 겁니다. 그렇지 않습니까?"

그녀는 물론 그렇다고 말했고, 그것 때문에 트라우마가 있다고 대답했습니다. 나는 이어서 우리 회사의 시스템은 회사를 인수한 오너가 부서별로 상세한 업무 결과를 보고 싶을 경우 그런 니즈를 충족할 수 있다는 것을 보여 주었습니다. 그리고 현재의 판매 업체가 갖지 못한 다른 역량들도 강조했습니다. 결국 그녀는 우리 회사 시스템을 시험 작동해 보기로 했습니다.

이처럼 영업을 할 때 고객을 끌어들이고 충성도를 얻어 내려면 경쟁 업체와 차별화되어야 한다. 고객은 지불한 만큼의 가치를 원하며, 자신의 비즈니스에서 더 큰 이익을 가져다줄 사람을 찾는다. 이런 차별화는 당신의 제품이나 서비스에 내재된 특징이나 이익이 될 수도 있다. 쉽게 예를 든다면 보증 기간 등이 있겠다. 그것은 또한 당신 회사의 특징, 예를 들어 명성일 수도 있고, 영업인으로서 당신이 노력한 결과일 수도 있다.

만약 경쟁 업체의 제품과 서비스가 당신이 취급하는 것과 정말 비슷해서 차별화를 보여 줄 수 없을 때는 고객 관계에서 차별화를 시도할 수 있다. 즉, 영업인으로서 당신의 전문성을 보여 주고, 당신의 능력을 문제 해결에 적용하며, 당신을 믿을 수 있는 비즈니스 파트너로 만드는 것이다.

고객은 기본적으로 편안하게 다가갈 수 있는 서비스 지향적 영업인에게 호감을 느낀다. 고성과 영업인은 편안한 관계를 바탕으로 인연의 끈을 이어 가면서, 고객이 상품과 서비스를 필요로 할 때 먼저 생각나는 존재로서 자신의 존재감을 심어 주고 있었다. 즉, 고객이 가려운 곳을 즉각 긁어 줄 수 있어야 한다는 뜻이다.

보통 일정한 이미지를 심어 주기 위해서는 오랜 시간이 필요하다. 더욱이 '친근한 이웃 같은 따뜻한 이미지'는 하루아침에 만들어지지 않는다. 고성과 영업인은 한결같은 성실성과 인내, 이타성으로 좋은 이미지를 만들어 냈다. 그들은 소중한 열매를 누릴 자격이 충분히 있다.

Chapter 4

건강한 자존감, 건강한 영업

건강한 자존감은 건강한 영업을 하도록 돕는다.

오랜 기간 한 가지 상품이나 서비스를 판매하면서 기록적인 실적을 거두고, 회사와 후배 영업인의 존경을 받는 영업인을 보면 저절로 경의를 표하게 된다. 오랫동안 그들이 극복했던 숱한 어려움은 얼마나 많았을까. 항상 철저하게 자기를 관리하는 근면성은 높이 평가받을 만하다. 그렇게 오랜 시간 영업을 할 수 있었던 이유는 건강한 영업을 했기 때문이다. 그렇다면 자존감을 바탕으로 하는 건강한 영업이란 과연 무엇인가?

첫째, 자부심이 담겨 있는 영업이다. 영업은 흔히 '을'의 위치에서 일방적인 희생을 감수해야 하는 일이라고 오해받는다. 그러나 절대 그렇지 않다. 영업인 자신에게 희생만 강요한다면 매일매일이 지옥이 될 수밖에 없다. 그렇다면 영업인은 자신에게 무엇으로 보상해 주어야 하는가? 고성과를 거두었을 때 들어오는 높은 수입은 당연하다. 그러나 그것만으로는 충분하지 않다. 영업이라는 서비스로 고객을 돕고 혜택을 베푼다는 자아 충족적 만족을 누려야 한다. 이는 자기희생이 아니라 자기실현이다. 이것이 바로 영업의 본질이다.

고성과를 내는 영업의 전설들은 이구동성으로 이렇게 말한다.

"고객을 돕고자 했더니 어느새 돈이 따라오더라."

수익 자체를 목적으로 하면 고객은 뒷전이 되고 돈이 되는 고객과 그렇지 않은 고객을 가리게 되어 있다. 이것이 평범한 영업인이 되느냐 큰 철학을 가진 영업인이 되느냐의 갈림길이다. 큰 철학을 가진 영업인은 자기를 희생하지 않는다. 오히려 자부심과 자신의 존재 의의를 실감하면서 자존감이 높아지는 것을 느낀다. 고객이 영업의 의미를 입증해 주기 때문이다. 건강한 자기존중감이나 자기호감은 영업인으로서 존재 가치와 업(業)의 의미를 바르게 정립하도록 돕는다.

둘째, 수익과 재투자라는 건강한 선순환이 일어나야 한다. '영업—수

익—투자—영업'의 선순환이 일어나려면 적정한 수익을 거두어 다음 영업을 위한 밑천으로 쓸 수 있어야 한다. 최근 일부 업종에서는 치열한 경쟁으로 정당한 대가를 기대하는 것은 비현실적이라고까지 말한다. 정당한 대가를 얻는 일이 과연 불가능할까? 치열한 경쟁 환경이라도 모든 영업인이 손해를 경험하지는 않는다. 분명히 그 시장에서도 승자는 있다. 그들은 자신이 던질 수 있는 승부수를 치열하게 준비한 영업인이었기 때문에 승자의 자리에 오른 것이다.

다만 이제 막 시장에 진입한 신입 영업인은 왕성한 활동량을 바탕으로 더욱 많은 고객에게 자신을 알려야 한다. 그들이 가진 최고의 무기는 '열정'과 '속도'다. 기독교의 성서에서 거인 골리앗을 쓰러뜨린 다윗의 무기는 작은 돌멩이였다. 당신의 주머니에는 어떤 무기가 들어 있는가? 공룡 같은 경쟁자를 무력화할 수 있는 필살기를 찾아야 한다. 영업의 고수들도 처음에는 초보였고 그들은 일찍이 치밀한 분석으로 자신의 주무기를 찾은 것이다. 과거의 시장이 지금보다 좋았다고 말하지 말라. 시장은 늘 냉혹했고, 초보였던 영업 선배들은 더욱 열정적이었을 뿐이다.

하지만 시대가 변하면서 다양한 기술이 시장의 판도를 바꾸고 있다는 사실은 주목할 만하다. 기존의 강자들이 누렸던 기득권을 무력화할 수 있는 다양한 환경이 조성되고 있다. TV, 신문 등 고비용 마케팅 방식이 SNS라는 수단으로 바뀌고 있다. 줄기차게 발로 뛰어야 했던 자기 홍보 활동을 개인 블로그나 인스타그램이 대체하고 있다. 더 이상 영업인의 근무 연수가 중요하지 않게 되었다. 미디어에서 그들이 발휘하는 영향력, 창의성, 감각이 충성고객을 만들어 내는 시대가 되었다. 따라서 이제는 기존 강자들에게 유리했던 게임의 법칙을 과감히 벗어던져야 한다.

탈무드에 이런 이야기가 등장한다. 강한 것을 이길 수 있는 약한 것들, 그리고 그들의 용기를 생각해 보자.

> 하나, 사자에게 두려움을 주는 모기
>
> 둘, 물소에게 두려움을 주는 거머리
>
> 셋, 전갈에게 두려움을 주는 파리
>
> 넷, 매에게 두려움을 주는 거미

아무리 힘이 약해도 약자가 용기를 갖는다면 때로는 크고 강한 자를 이길 수 있다는 것을 아는가? 지금의 강자가 지닌 전술만이 승리의 법칙으로 통용되는 시장은 존재하지 않는다. 기술이 발전하고 사회가 변하기 때문이다. 자신을 알리는 방법, 자신의 강점을 살린 설득의 기술, 자신에게 가장 잘 어울리는 매력 어필 방법, 자신만의 고객 관리 노하우 등 기존의 강자들이 따라올 수 없는 수를 던져야 한다.

셋째, 원칙을 지키는 영업이다. 영업인은 고객들이 영리해졌다는 말을 많이 한다. 요즘 '가성비'라는 말이 자주 등장하고 있는데, 이는 가격 대비 성능을 꼼꼼히 따지는 신중한 구매 심리를 설명해 준다. 얼마 되지 않는 가격 차이 때문에 민감하게 반응하는 고객을 보면 영업의 정도를 지키는 일이 허언에 가깝다는 생각을 할 수도 있다. 그러나 서로 합의된 선을 넘는 일이 많아지면 시장은 걷잡을 수 없이 혼탁해진다. 거래가 성사되어도 기대한 수익을 얻을 수 없다. 악순환의 사이클이 시작되는 것이다. 결국 견디지 못한 영업인이 하나둘 시장을 떠나고, 남은 자도 결국은 쓴잔을 마실 수밖에 없다. 물론 이런 안타까운 상황은 영업인 개인이 어찌할 수 없는 것 아니냐고 항변할 수 있다. 충분히 동의한다. 조직 차원에서 또는 조직 간에 공평한 경쟁을 할 수 있도록 공정하게 규칙을 집행해야 한다. 동시에 영업인 자신이 자정 노력과 공정한 경쟁에서 살아남을 수 있는 각고의 노력을 경주해야 한다.

자부심을 품고 원칙을 지키는 영업인은 고객에게 당당하므로 자신감이 묻어난다. 절대 피동적인 상담을 하지 않는다. "먼저 보시고 궁금한 게 있으면 물어보세요"라고 말하지 않는다. "둘러보세요" 하고 자리에 앉아 있지만은 않는다. 상품에 관해 자신 있게 설명하고 먼저 걸어가서 적극적으로 제품 시연을 권유한다. 절대 고객로 뒤에 있지 않는다. 고객의 발걸음보다 앞서 나가고, 고객이 묻기 전에 먼저 소개한다. 정확한 정보로 상담을 이끌고, 고객을 만날 때면 충분히 준비하고 챙긴다. 또한 고객의 이야기도 적극적으로 경청한다. 그래서 상담이 즐거워 보이고, 활기차다.

그들은 계약 권유에도 적극적이다. 열심히 상품을 설명한 후 "고객님, 오늘 결정하시죠", "웬만하면 오신 김에 계약하세요" 하고 권유한다. 계약할 때를 잘 포착한다. 고객에게 틈을 주지 않는다. "아니, 오늘 계약은 어려울 것 같아요. 카탈로그만 주세요"라고 거절의 말이 나올지라도 두려워하지 않는다. 무조건 "그러니 오늘 계약하셔야 해요"라고 말한다. 하지만 강요와는 차원이 다르다. 계약을 성사시키고자 하는 욕구가 크다.

그들은 경쟁에서도 쉽게 물러서지 않는다. 혹시 고객이 타사 제품이나 다른 영업인 사이에서 고민하더라도 절대 틈을 주지 않는다. 어떻게든 자신이 취급하는 제품으로 끌어당긴다. 어떤 경우라도 그냥 봐주지 않는다. 잘 대처하고 설득할 장점을 찾아 고객의 마음을 돌려놓는다. 고객은 건강한 자존감을 지닌 영업인을 절대적으로 신뢰한다.

서로 지킬 것을 지키는 영업은 자기호감이라는 심리적 지지대가 확고해야 가능하다. 존경받는 영업인으로 시장에 남기를 원하는가? 그러려면 도덕성과 윤리성을 견지해야 한다. 이런 철학이 담긴 영업에 신뢰와 응원을 보내는 고객은 반드시 있다.

PART 06

자존감 트레이닝

많은 사람들이 자신의 낮은 자존감 때문에 힘들어한다.

그러나 막상 그 해결책을 알려 주면

갖가지 핑계를 대며 어떤 시도도 하지 않는다.

잊지 말자.

지금 내 삶에 변화를 위한 뭔가를 시도하지 않는다면

미래의 나는 결코 기대하는 모습을 갖지 못한다는 것을.

Chapter 1

나 자신과 만나는 연습

성공적인 영업은 나 자신과 진지하게 만나는 시도에서 출발한다.

자신을 알아 가는 일은 매우 신기한 경험이다. 특히 지난 시간을 기억하면서 한동안 납득이 가지 않던 당시 행동을 문득 이해하게 되었을 때, 자신 안에 존재하는 또 다른 나의 모습에 놀라게 된다. 따라서 가끔은 가던 길을 멈추고 의식 없이 살아가는 자신과 대화를 시도할 필요가 있다. 서메리가 쓴 「회사 체질이 아니라서요」에는 다음과 같은 구절이 있다.

> 돌이켜보니 문제는 바로 거기에 있었다. 한 번도 멈추지 않은 것. 나는 단

한 번이라도 그 자리에 멈춰 서서 내가 어떤 인간인지 좀 더 자세히 관찰했어야 했다. 이것은 오롯이 내 인생인데도 나는 어째서 남들의 시간표에 맞추려고 그렇게 발버둥쳤을까. 뚜렷한 목표도 없이 공부하고, 배치표에 맞춰서 대학과 전공을 정하고, 졸업이 다가올 무렵에는 허둥지둥 토익과 인적성 문제를 풀었다. 이런 내가 월급이나 복지, 업무 강도처럼 피상적인 기준만 놓고 직장을 선택한 것은 딱히 놀랄 일도 아니었다.

필자는 때때로 자존감 워크숍 참가자들에게 다음과 같은 질문을 한다.

"최근에 자신과 진지하게 얘기해 본 적은 언제였습니까?"

대부분 의아하다는 듯 고개를 갸우뚱하며 이렇게 대답한다.

"나 자신과 무슨 얘기가 필요하죠? 내 생각과 감정은 그 누구보다 내가 잘 아는데 굳이 무슨 대화가 필요하다는 겁니까?"

자신과 대화를 한다는 것은 다른 방식으로 자신을 바라보는 일이다. 자신을 또 하나의 객체로 대하면서 자신에게 말을 걸기도 하고, 자신에게서 답을 듣기도 한다. 자신 앞에 또 다른 나란 존재를 앉혀 두고 이야기를 나누는 것이다. 자기 자신과 진지하게 대화를 나누면 내면의 감정이 정제되고 머릿속 생각을 명료하게 정리할 수 있다.

자신과 대화할 때는 이런 질문을 던지며 시작할 수 있다.

- 오늘 그 일을 통해 네가 무척 화가 났는데 왜 그 감정을 조절하지 못했니?
- 오늘 행사가 성공한 이유를 너는 솔직히 무엇 때문이라고 생각하니?
- 오늘 그 고객과 나눈 대화에서 네가 배운 점은 무엇이니?
- 지난번 통화에서는 네 설득이 고객에게 잘 먹힌 것 같은데, 왜 갑자기 이렇게 얘기가 틀어졌을까?

일정한 주기를 두고 자신과 대화를 하면 내면의 진실한 소리를 들을 수 있다. 필자가 자존감의 개념을 실감하게 된 순간도 자신과 대화를 나누는 중이었다. 수년 전 일이다. 회사에서 자존감 관련 교육 과정을 도입하려고 자존감 전문가의 수업을 받고 있었다. 강사가 이런 질문을 던졌다.

"지금껏 자신의 자존감이 가장 낮았던 순간을 떠올려 보세요."

그 순간 나는 매우 오래전 일이라 그동안 기억하지 못했던 사건을 떠올렸다. 약 30여 년 전 초등학생 시절의 기억으로 직장 생활을 하신 어머니와 관련된 일이었다. 기억 속에서 어린아이였던 나는 늦은 저녁 동네 어귀에서 퇴근하시는 어머니를 기다리고 있었다. 그 순간 강사의 또 다른 안내가 이어졌다.

"성인이 된 또는 현재 성숙한 당신이 과거의 자신과 만납니다. 과거의 자신에게 해주고 싶은 말을 하세요."

그 말에 어른이 되어 번듯한 양복을 차려입은 내가 초등학교 3학년 정도 된 과거의 나를 만나는 장면을 상상했다. 나는 그 아이와 눈을 맞추려고 한쪽 무릎을 굽혔다.

"너 여기서 뭐하니?"

"엄마를 기다려요."

"엄마는 언제쯤 오시니?"

"8시 반쯤 오세요. 곧 오실 거예요."

나는 어린 시절의 나를 물끄러미 쳐다보았다. 그 아이는 '시간이 다 되었는데 왜 엄마가 안 오실까?' 하며 내 눈을 피해 마을 입구 쪽을 응시했다.

"너, 많이 외롭구나."

그때 아이가 깜짝 놀라며 나를 바라보았다.

나는 조용히 아이에게 다가가 안아 주었다. 아이는 내 품에 폭 안겼다. 그 순간 나는 아이에게 말했다.

"이제 내가 늘 너와 함께 있어 줄게."

바로 그 순간 그 장면을 상상하고 있던 나는 두 볼에 뜨거운 눈물이 주르륵 흘러내렸다. 어린 시절 몹시도 외로웠던 나 자신이 어른이 된 내게서 따뜻한 위로를 받았던 것이다. 30여 년이 넘게 내가 기억의 한

구석을 차지하고 있던 경험을 소환해 대면한 것이다. 이렇듯 먼 과거 속 자신뿐 아니라 수년 전의 나, 그리고 오늘의 나를 대면하고 대화를 나누는 경험은 그때의 감정과 사고를 기억해 내도록 돕는다. 그리고 치유와 성찰의 기회를 만들어 준다.

필자가 진행한 워크숍에서 있었던 일이다. 몇몇 참가자가 나처럼 자신의 과거, 특히 심한 자존감의 상처를 경험했던 기억을 더듬으며 눈물을 흘렸다. 자신을 또 다른 객체로 인식하고 약간 거리를 두고 대화하는 이러한 경험은 내면에 숨어 있는 잊힌 자아를 만나는 방법이라 할 수 있다. 그 사건 이후 상상 속의 그 어린아이는 전처럼 외롭지 않다. 그 시기를 다시금 상상하면 따뜻함과 안정감을 느낀다.

많은 전문가들이 자존감의 상처를 극복하기 위해 상처받은 순간을 대면해야 한다고 말한다. 그러기 위해서는 과거 특정한 시기의 자신과 만날 필요가 있다. 성공적인 영업을 위해 현재 자신의 자존감을 살피고자 한다면 우선 그 만남을 시도해 볼 것을 권한다.

이제 책을 덮고 조용히 눈을 감아 보자. 지금까지 영업을 하며 자존감에 상처를 입었던 순간을 떠올려 보자. 변덕스러운 고객에게 당한 일, 까다로운 고객에게 부당한 대우를 받은 일, 지점장이나 팀장에게 심한 소리를 들은 일, 성과가 시원찮아 스스로 괴로웠던 순간이 아직도 당신을 괴롭히고 있는가? 그 당시로 돌아가서 자신을 만나라. 그리고 위로해 주자.

"괜찮아, 잘할 수 있어."

"너는 이 세상에서 가장 멋있어."

"앞으로 잘할 수 있어."

"너는 최고의 영업인이야."

"자신감을 갖도록 해!"

"이번에 안 되면 다음 기회가 있잖아!"

"고객은 항상 널 좋아해!"

잠자리에 들 때나 아침에 일어나서 자신과 이렇게 대화를 나눈다면 자존감 부족으로 절망의 늪에 빠지거나 괴로워하는 일은 없을 것이다. 고객이 어떻게 당신을 대하든 흔들리지 않을 것이고, 일시적으로 성과가 부진하더라도 이겨 낼 수 있을 것이다. 최대한 당신의 편이 되라. 당신이 고성과 영업인으로 거듭 태어나기 위한 첫걸음은 자존감을 회복하는 일이다.

여기서 주의할 점이 있다. 위로만 하고 끝나서는 안 된다. 위로는 고성과를 위한 자존감 회복의 첫걸음일 뿐이다. 두 걸음, 세 걸음을 떼야 하지 않겠는가. 고성과를 향해 가는 길을 찾아서 걸어가야 하지 않겠는가.

"어떻게 하면 이 문제를 해결할 수 있을까?"

"다음에도 이런 고객을 만난다면 어떻게 하는 것이 지혜로운 해결 방법일까?"

"더 좋은 방법은 무엇일까?"

이렇게 끊임없이 질문하고 답을 찾으며 자신의 길을 걸어가야 한다. 당신이 회복한 건강한 자존감은 당신을 더 나은 길로, 더 행복한 길로 안내할 것이 틀림없다.

Chapter 2

'나의 영업(일) 현장'이 필요한 이유

영업인으로서 종국적인 성공의 이미지는 무엇인가?

일반적으로 개인과 조직의 가치 체계는 '왜?(Why)', '무엇을?(What)', '어떻게?(How)'에 대해 다룬다. 개인과 조직의 가치 체계에는 그 존재의 이유(Why), 꿈꾸는 미래상(What), 미래상의 달성 방법(How)이 담겨 있다.

영업인에게도 이 세 가지 질문은 중요하다. 이 질문에 대한 자신의 답변을 정리한 것이 바로 '나의 영업 현장'이다. 우선 첫 번째 질문인 '왜?'부터 생각해 보자.

나는 왜 영업을 하는가?

이는 자신이 영업을 직업으로 선택한 이유를 묻는 질문이다. 도대체 그 많은 직업 중에서, 그 많은 일 중에서 나는 왜 영업을 택했는지 한번쯤 진지하게 물어볼 필요가 있다. 단순히 돈을 벌기 위해서라면 스스로 기운 빠지는 일 아닌가. 영업인은 다음과 같은 질문을 할 줄 알아야 한다.

• 내가 속한 조직을 위해 무엇을 할 수 있을까?
• 내가 속한 사회에 무엇을 공헌할 수 있을까?
• 내 이웃, 내 친구, 내 가족, 내 고객을 위해 할 수 있는 일은 무엇인가?

이런 질문을 하며 자신이 하는 일에 의미를 부여해야 한다. 이렇게 사명감을 품고 일하는 사람이 더 많은 열정으로 더 많은 성과를 이루어 내는 법이다. 전 삼성전자 이기태 사장은 어땠는지 살펴보자. 다음은 〈조선일보〉에 실린 그의 생각이다.

무선사업 부문 이사로 발령받았을 때가 역시 힘들었다. 당시에는 무선사업부 실적도 부진했고 회사 내에서 좋은 평판을 받지 못하던 시절이었다. 하지만 나는 포기하지 않았다. 열심히 하는 것 외에 달리 방법이 있겠는가. 요즘 사회에 진출하려는 청년들에게 하고 싶은 이야기도 그런 것이다. 자기가 하는 일은 스스로 가치를 부여하기 나름인데, 그런 자세에 따라 그 사람의 미래도 달라지는 것 같다.

다음은 황농문 교수의『몰입』에 나오는 구절이다.

내가 하는 일이 세상에서 가장 중요하다고 믿어야 비로소 자신의 인생을 던져 그 일을 하게 되고, 그래야 재미가 있고 경쟁력도 생긴다.

당신은 자신이 하는 일에 어떤 가치를 부여하고 있는가? 당신이 하는 일이 세상에서 가장 중요한 일이라고 생각하는가? 아니면 아직도 영업은 힘든 일이고, 마땅히 할 게 없어서 한다고 생각하는가? 당신이 하는 일이 얼마나 많은 사람들에게 얼마나 많은 혜택을 선사하는지 생각해 보라. 뿌듯하지 않은가? 자부심을 느낄 만한 충분한 이유가 아닌가. 당신의 많은 선배들은 영업을 하며 이러한 자부심을 느꼈다.

사람에게 있는 근원적 두려움은 죽음이고, 이는 존재의 소멸을 의미한다. 존재의 소멸은 그 이후의 상황을 무의미하게 만들고, 종교가 제시하는 답을 받아들이기 전에는 그 이후를 상상할 뿐 아무도 정확히 알 수 없다. 따라서 인간은 본능적으로 죽음 이후의 삶을 고민하게 된다.

『성공하는 사람들의 7가지 습관』에서 스티븐 코비(Stephen Covey)는 조용한 곳으로 가서 자기 자신의 장례식 장면을 상상해 보라고 권한다. 장례식에 참석한 자녀, 형제, 조카, 사촌, 친구들이 자신에게 뭐라고 말하는지 다음과 같이 질문해 보라는 것이다.

- 당신은 이 사람들이 당신 자신과 당신 삶을 어떻게 이야기해 주기를 바라는가?
- 당신은 이들이 조사에서 당신을 어떤 남편, 아내, 아버지, 혹은 어머니였다고 말해 주기를 바라는가?
- 당신은 어떤 아들, 딸, 혹은 사촌이었다고 평해 주기를 바라는가?
- 당신은 어떤 친구였다고 회상해 주기를 바라는가?
- 당신은 어떤 직장 동료였다고 회상해 주기를 바라는가?
- 당신은 그들이 당신한테서 어떤 성품을 보았기를 바라는가?
- 당신은 자신이 지금까지 해온 어떤 공헌이나 업적을 기억해 주기를 바라는가?
- 당신은 그들의 삶에 어떤 영향과 도움을 주고 싶었는가?

당신은 어떤 답을 얻을 수 있겠는가? 주변의 모든 사람이 장례식에 와서 당신의 죽음을 애도할 것이라 생각하는가, 아니면 마지못해 와서 당신 영정을 보고 욕을 할 것이라 생각하는가? 당신 자식과 친척, 후배들은 당신 삶에서 교훈을 얻고 그 삶을 본받겠다고 다짐하리라 생각하는가? 아니면 당신과 같은 삶은 살지 않겠다고 결심하리라 생각하는가?

티베트에서 중남미 지역에 이르기까지 지역을 막론하고 대다수 종교에서 인생의 지혜를 깨달은 사람들이 우리에게 전하는 잠언이 있다. 그것은 '죽음을 자신의 상담자로 삼으라'는 것이다. 이런 충고는 언뜻 들으면 섬뜩하게 느껴질지도 모르지만 사람을 아주 자유롭게 해준다.

죽으면 다 끝나는데 무슨 소용 있느냐고 생각하는 사람도 있을 것이다. 그러나 당신 인생이 보람 있고 영향력 있는 삶이었다면 죽은 뒤에도 여전히 큰 영향력을 끼친다. 많은 사람이 당신에게서 용기를 얻고 삶의 지혜를 얻는다.

그렇게 본다면 결국 이타성이 중요하다. 이타적 행위를 통해 그 사람을 기억한다면 그는 다른 사람의 기억 속에 살아 있는 것이 아닐까? 이타성은 다른 사람의 기억 속에서라도 존재의 소멸을 막아 보고자 하는 인간의 처절한 욕구가 표현된 것이다. 부모가 자식을 지극정성으로 보살피는 것도 어쩌면 자녀만큼은 적어도 자신을 잊지 않고 기억해 줄 것이라는 기대 때문이 아닐까?

필자는 다른 사람이 자신을 기억해 주길 바라고, 그 기억에 의미를 부여받길 원하는 마음은 인간의 원초적 본능이라고 생각한다. 인간은 이타적 행동을 통해 소멸이라는 두려움에서 벗어나려는 욕구를 충족하려는 것이다. 인간이 추구하는 가장 높은 차원의 가치는 다른 사람에 대한 희생과 헌신인 것도 이 때문일 것이다. 따라서 인간의 존재 목적은 '누구'에게 '어떤 가치'를 제공할 것인지에 대한 답이어야 한다. 그 맥락에서 영업인은 특히 '어떤 대상에게 어떤 서비스나 도움을 제공'할 것인지 고민해야 한다. 이 고민은 영업 활동에서 힘든 시기든 성공적인 시기든 일정한 이정표를 제시해 준다.

목표는 무엇인가?

다음은 '무엇?'(What)'을 생각해 보자. 즉, 인생의 목표가 구체적으로 무엇이냐는 질문이다. 당신은 어떤 성공의 모습을 이루고 싶은지 답이 있어야 한다. 그것은 일정한 수입이나 매출 규모 또는 자신의 고객 인원일 수도 있다. 또는 얻고자 하는 지위나 명성일 수도 있고, 갖고 싶은 소유물일 수도 있다. 어떤 일이건 목적이나 목표를 만들면 의미가 생겨난다. 어떤 일이 나에게 의미가 있다는 것은 그 일의 결과에 따라 큰 만족을 얻을 수 있다는 뜻이다.

목표는 일정한 시점과 결부하여 계획해야 하고, 그 시점을 역산하면 당장의 단기 목표를 세울 수 있다. 언제까지 목표를 달성하겠다는 계획이 없으면 막연한 꿈이 될 수밖에 없다. 1년 후에 달성해도 좋고 5년 후에 달성해도 좋다면 너무 공허하다. 그렇게 설정한 목표를 달성한다는 것은 어불성설이다. 목표는 구체적으로 달성 시점을 못박아 놓을 때 실현 가능성이 높다. 무엇인가를 진정으로 원하는 사람은 언젠가는 그 목표를 반드시 이루고야 만다. 조각가 로댕이 그랬다. 그의 목표는 매우 구체적이었다.

> 세상에 태어나서 아무런 발자취도 못 남기고 떠나는 것은 생각만 해도 끔찍해. 나는 반드시 위대한 예술가가 될 거야. 우리나라 최고의 미술대학에 최우수 장학생으로 입학하고, 대학을 졸업하면서 출품하는 나의 살롱전 데뷔작은 심사위원들의 만장일치로 최우수 작품으로 선정될 거야. 내가 만드는 작품은 모두 전 세계인의 찬사와 존경을 받게 될 것이고, 나는 국가적인 영웅으로 칭송받을 거야. 사람들은 먼발치에서라도 나를 보았다는 사실에 감격하게 되겠지. 내 작품은 역사에 영원히 남게 될 것이고 세월이 흐를수록 명성이 드높아져 내 이름은 마침내 전설이 될 거야.

영업을 하는 이유와 달성하고자 하는 목표는 실행을 할 때 강력한 동기가 된다. 영업을 하는 이유는 쉽게 변하지 않지만 구체적인 목표는 시간이 흐르면서 바뀔 수도 있다. 다만 이것만은 기억하자. 목표는 변할 순 있어도 없어서는 안 된다는 사실을. 자신에게 다음과 같은 질문을 던져 보자.

- 하나, 내가 영업을 하는 진정한 이유는 무엇인가?
- 둘, 나는 영업을 통해 누구에게 어떤 도움을 주고자 하는가?
- 셋, 내가 구체적으로 꿈꾸는 미래상은 무엇이며, 그 달성 시점은 언제인가?

위의 세 가지 질문을 자신에게 정기적으로 던져 보자. 분명히 영업에 임하는 태도가 달라질 것이다. 특히 이제 막 영업을 시작했거나, 일하면서 회의감에 빠진 영업인들에게는 전환점이 되는 질문이다. 그렇다면 당신은 원하는 목표를 어떻게 달성할 것인가? 당신은 목표를 달성하기 위한 구체적인 실행 계획이 있는가? 이에 대해 살펴보자.

Chapter 3

어떻게 목표를 이룰 것인가

구체적인 실행 계획이 목표 달성을 앞당긴다.

목표가 동기부여다

인간의 내면에 웅크리고 있는 성취욕구가 없었다면 인류가 이만큼 발전할 수 있었을까? 인류의 역사는 어찌 보면 성취의 역사였고, 성취욕구가 많은 사람들에 의해 발전해 왔다고 해도 지나치지 않다. 현재보다 더 나은 단계, 현재보다 더 많은 것, 현재보다 더 우수한 것을 얻으려는 욕망이 성취욕구인데, 인류는 끊임없이 '더 나은 단계'를 추구해 왔다. 뗀석기, 간석기, 청동기, 철기로 이어지는 역사만 보더라도 더 강한 것을 추구해 왔음을 알 수 있다.

그렇다고 지구 위에 사는 모든 사람이 성취욕구가 강한 것은 아니다. 성취욕구가 내면에 얼마만 한 크기로 웅크리고 있는가는 적극적 성격인가 소극적 성격인가를 구별할 수 있는 방법 가운데 하나다. 이는 또한 부자와 가난한 자, 지배자와 피지배자, 영향력 있는 사람과 없는 사람으로 나눌 수 있는 잣대가 될 수도 있다. 뭔가 이루고자 하는 사람과 그렇지 않은 사람은 분명 다르다는 말이다. 그래서 성취욕구는 학력, 배경, 출신을 뛰어넘을 수 있는 에너지 공급원이다.

욕구와 동기 이론을 연구한 심리학자 헨리 머레이(Henry A. Murry)는 성취욕구가 높은 사람과 낮은 사람을 비교 연구한 결과, 어떤 과제가 주어졌을 때 대응하는 태도가 서로 다르다는 사실을 발견했다. 성취욕구가 낮은 사람은 아주 쉽거나 아주 어려운 과제를 좋아한다. 그들이 쉬운 것을 좋아하는 이유는 스트레스를 덜 받고 쉽게 과제를 처리할 수 있기 때문이다. 아주 어려운 과제를 선택하는 이유는 실패하더라도 자신의 잘못이 아니라 과제의 난도가 너무 높았기 때문이라고 핑계를 댈 수 있기 때문이다. 반대로 성취욕구가 높은 사람들은 난도가 중간 정도인 과제를 선호한다. 이들은 자신의 능력과 상황을 현실적으로 판단해서 약간 어려운 과제에 도전해 성취하려는 경향이 있기 때문이다.

한 심리학자는 대학생들이 재학 중일 때 성취욕구가 얼마나 되는지를 평가한 후 14년을 기다려 그들의 직업을 조사했다. 그 결과 성취욕구가 높았던 대학생들은 기업가가 되는 비율이 높았다. 사업가가 되어 기업을 경영하는 일은 성취감을 느낄 수 있는 강렬한 매력이 있기 때문이다. 기업 경영은 일단 안정적이지 않으며, 도전할 수 있는 기회가 많고 실패와 성공이 마치 롤러코스트를 타는 것처럼 변화무쌍하다. 성취욕구자들이 끌리는 이유다. 영업도 성취욕구를 자극하기에 충분하다. 매일, 매주, 매달 적당한 목표가 있고, 변화무쌍한 정도는 기업 경영과 크게 다르지 않다.

군이 심리학자의 연구가 아니더라도 주변 사람들을 조금만 눈여겨보면 성취욕구가 높은 사람은 적극적이고 긍정적이라는 사실을 알 수 있다. 이들은 모험을 즐기고 도전적인 일에 겁이 없으며, 어려운 일에도 희망과 기대감으로 달려든다. 반대로 성취욕구가 낮은 사람들은 새로운 일이나 어려운 일을 만나면 불안감, 공포감, 방어심리에 휩싸여 도망치려 한다. 이들은 새로운 일은 시도조차 하지 않으려 한다.

당신은 성취욕구가 강한가? 당신이 스스로 성취감을 느낄 수 있도록 어떻게 동기를 부여할 수 있는가? 또한 당신이 무기력 상태에 있다면 어떻게 다시 도전 의욕으로 불타게 할 수 있는가? 자신감을 갖고 새롭게 도전할 정신력을 어떻게 만들어 낼 수 있는가? 여러 가지 방법 중 한 가지는 새롭게 목표를 가져 보는 것이다.

현재 자신의 모습과 자신이 바라는 모습이 일치하지 않으면 사람들은 자신이 바라는 모습대로 되려는 동기가 발생한다. 어떤 학생이 명문 대학에 들어가고 싶은데 지금 실력으로는 입학하기 어렵다면 더 열심히 공부하고자 하는 동기가 생긴다. 현재 살고 있는 집이 마음에 들지 않는 사람은 더 좋은 집을 마련하려고 노력한다. 이런 것을 심리학자들은 '불일치'라고 한다. 현재 모습과 희망하는 모습 사이의 차이가 불일치다.

　'불일치'에는 '불일치 감소'와 '불일치 창조'의 두 종류가 있다. '불일치 감소'가 동기를 발생시키는 이유는 이렇다. 어떤 학생이 평균 90점을 목표로 공부했는데 85점에 그쳤다면 현재 점수와 희망하는 점수에 5점이라는 불일치가 생긴 것이다. 그렇다면 이 학생은 5점이라는 불일치를 좁히기 위해 다음 번 시험에서는 더욱 노력하려는 동기가 생긴다. 자동차 영업인이 한 달에 자동차 다섯 대를 파는 것이 목표인데 세 대를 팔았다면 이것도 현재 상태와 희망 사이에 두 대라는 불일치가 발생한 것이다. 이런 사람은 다음 달에는 불일치를 감소시키기 위해 동기가 부여된다.

　'불일치 창조'는 이런 것이다. 시골 학교에서 전교 1등인 학생에게 동기부여가 되지 않는 이유는 더 이상 성취할 목표가 없기 때문이다. 이런 학생을 서울이나 대도시의 학교로 전학시켜 경쟁자를 만들어 주는 것이다. 실력 있는 학생들이 모인 곳으로 가면 더 이상 전교 1등을 못 할 수도 있다. 이렇게 되면 그 학생에게 새로운 불일치가 발생한다. 즉, 불일치를 창조하는 것이다. 이처럼 '불일치 창조'는 불일치를 새롭게 만들어 동기를 부여하는 일이다. 평균 90점 목표를 달성했다면 다음 번 시험에는 95점으로 목표를 올리는 것, 자동차 영업 사원이 월 다섯 대 판매라는 목표를 달성했다면 다음 달에는 목표를 일곱 대로 올리는 것을 말한다. 이런 것을 모두 불일치 창조라고 할 수 있는데, 이것은 현재 만족하는 사람에게 더 큰 목표를 제시해 동기를 부여하는 방법이다.

실행 계획을 세우는 법

당신이 영업을 하는 이유(Why)와 이루고자 하는 목표(What)를 설정했다면 이제는 목표를 달성하는 실행 방법(How)을 구체적으로 생각해 봐야 한다.

심리학자인 셸리 테일러(Shelly Taylor)와 연구팀은 중간고사를 준비하거나 스트레스가 많은 상황에 대처해야 하는 학생들을 대상으로 미래에 일어날 일을 마음속으로 그려 보는 실험을 했다. 그 결과 원하는 목표를 성취하기 위해 '필요한 일들에 초점'을 둔 쪽이 '원하는 결과에만 초점'을 둔 쪽보다 수행 능력이 더 많이 향상될 수 있다는 사실을 발견했다. 좋은 성적을 얻거나 긴장 상황을 대처하기 위해 밟아야 하는 '과정'을 떠올려 본 사람들이, 좋은 성적을 얻는 상상이나 스트레스가 줄어드는 상상을 한 사람보다 더 낳은 결과를 얻었다. 최종 결과보다 목표를 성취하는 과정에 초점을 둘 때 성공할 확률이 더욱 높아진다는 뜻이다. 맞는 말이다. 원하는 바를 그냥 바라기만 한다고 이룰 수는 없지 않은가. 원하는 결과를 얻기 위해 무엇을 할지 구체적으로 계획을 세우는 일은 그래서 중요하다.

당신은 영업 목표를 달성할 구체적인 계획이 있는가? 당신은 언제까지 그 목표를 달성할 것인지 정해 놓았는가? 만약 목표도 실행 방법도 없다면 그냥 강물에 몸을 맡기고 흐르는 대로 떠내려가는 삶과 같다. 장애물이 나타났을 때, 예기치 못한 일이 일어났을 때 자신을 보호하고 방어할 능력도 없이 그냥 그렇게 살아갈 수밖에 없다. 이런 사람에게 성공은 어림도 없다. 평범한 생활은커녕 자기 몸조차 온전히 지탱하기도 힘들 것이다.

댄 애리얼리(Dan Ariely)가 쓴 『상식 밖의 경제학』에는 영업인이 어떻게 실행 계획을 짜면 좀 더 수월하게 목표를 달성할 수 있는지 알려 주는 실험 결과가 나온다. 애리얼리는 대학생들을 상대로 강의 첫날에 12주 강의를 들을 동안 숙제 세 가지를 제출해야 한다고 말했다. 이 숙제가 최종 학점을 매길 때 큰 비율을 차지한다는 사실도 알렸다. 다만 교실별로 제출 방법을 따로 정했다.

첫 번째 교실에서는 제출 기간을 학생들이 자율적으로 정하도록 하고, 그 기일을 어기면 하루 늦을 때마다 1% 비율로 점수를 깎을 것이라고 했다. 물론 학생들은 자신이 정한 기한 내에 숙제를 제출해야 하지만 그 기간이 빠르다고 해서 점수를 더 얻는 것은 아니었다. 학생들은 자율적으로 날짜를 적어 냈다.

학생들은 제출일을 언제로 잡았을까? 보통 맨 마지막 날 한꺼번에 내기로 정했을 것 같지만, 학생들은 교수가 나눠 준 강의계획표를 이용해 한 학기 동안 제출할 기한을 적절히 배분했다. 이는 자신에게 미루는 경향이 있다는 사실을 잘 알고 있어서 자신을 통제하고 싶은 학생들에게 괜찮은 방법이다. 문제는 과연 그런 방식이 학점을 따는 데 도움이 되는가 하는 점이다. 이 점을 살펴보기 위해 다른 교실에서 내용은 같지만 다른 형태로 실험을 진행해 점수를 비교했다.

두 번째 교실에서는 학생들에게 마감일을 정하지 않을 테니 과제를 학기 마지막 날까지 제출하도록 했다. 미리 내도 상관없지만 그렇다고 해도 추가 점수는 없었다. 이들은 선택의 자유를 부여받았을 뿐 아니라 중간 마감일을 지키지 않아도 벌점을 받을 가능성도 없었다.

세 번째 교실에서는 독재적 방식을 택해 세 가지 과제 마감일을 각각 4주차, 8주차, 12주차로 정했다. 거기에는 선택의 여지나 융통성이 전혀 없었다.

세 교실 가운데 어느 교실이 가장 좋은 점수를 받았을까? 마감일을 각각 정해 놓은 교실의 학생들이 가장 좋은 학점을 받았다. 마감일을 정하지 않고 학기 마지막날까지 제출하도록 한 학생들이 가장 낮은 점수를 받았고, 스스로 마감일을 정한 교실은 중간 성적을 거두었다.

이런 결과가 의미하는 바는 무엇일까? 가장 큰 발견은 학생들에게 정확한 마감일을 정해 준 것만으로도 더 좋은 학점을 따는 데 도움이 되었다는 것이다. 결과적으로 마감일을 정확히 정해주지 않은 학생들이 교실의 평균 점수를 깎아 먹었다. 마감일을 적당한 간격으로 띄어 놓지 않은 채 마지막에 몰아서 과제를 하다 보니, 서두르게 되어 제대로 마무리하지 못했던 것이다.

이제 영업 조직에서 왜 주 단위별로 목표와 계획을 세우게 하는지 분명해졌다. 당신이 일을 미루는 성향이 있다면, 지금까지 월말에 가서 마감을 몰아 하느라 스트레스를 받아 왔다면 꼭 눈여겨봐야 할 실험 결과다.

목표 달성법

1. 종이 위에 당신의 목표를 적어라. 목표 달성을 위한 첫걸음은 종이에 당신의 목표를 적는 일이다. 마음속에 아무리 큰 목표를 지니고 있다 해도 눈으로 볼 수 없으면 잊기 마련이다. 이처럼 쉽고 간단한 방법은 이미 100여 년 전에 나온 자기계발서에도 언급되었지만 소수만이 실행하고 있다. 그래서 성공자가 그리 많지 않은 것이다.

2. 목표를 어떻게 실행할지 적어라. 목표가 있다고 해서 저절로 달성되지는 않는다. 목표 달성을 위한 실천 계획을 종이 위에 적어야 한다. 실천 계획이 없는 목표는 팔다리가 없는 기형이다. 실천 계획은 간단할수록 좋다. 실천 계획을 벗어나서도 안 되지만 그렇다고 지나치게 실천 계획에 얽매일 필요도 없다. 상황에 맞게 융통성을 발휘해야 한다.

3. 적은 종이를 잘 보이는 곳에 붙여라. 많은 위인이 자신의 목표를 종이에 적어 벽에 붙여 놓았다는 이야기를 들었지만 평범한 사람은 쑥스럽다는 이유로 실행하지 못한다. 벽에 붙이는 행위는 공개 선언 효과가 있다. 자신의 결심을 공개적으로 선언하면 그 결심을 끝까지 고수하며 실천할 확률이 높아지기 때문이다.

4. 목표를 볼 때마다 큰 소리로 읽어라. 소리 내어 읽는 것만으로도 목표를 가슴에 새길 수가 있다. 열 번을 읽든 다섯 번을 읽든 단 한 번을 읽든 날마다 읽다 보면 그것을 실천하려는 생각을 하지 않을 수가 없다.

5. 날마다 성공을 상상하라. 목표를 달성했을 때를 상상해 보라. 지금 당신보다 훨씬 근사한 모습 아닌가? 성공한 모습을 상상할 때마다 스스로 동기가 부여된다는 사실을 느낄 수 있을 것이다.

Chapter 4

자신의 옹호자가 되라

이 세상의 모든 사람은 자신의 따뜻한 옹호자가 되어야 한다.

자존감은 자신만이 지킬 수 있다

부모가 자녀에게 그러하듯, 성인이 된 자신에게도 여전히 부모와 같은 성숙하고 관대한 옹호자가 필요하다. 결국 나 자신이 그 옹호자가 되어야 한다. 일반 사람들에게서 자기존중감이 지닌 가치를 확인하는 일은 그리 어렵지 않다. 갓난아이를 품에 안은 부모를 보라. 세상 모든 부모는 아이의 가치를 있는 그대로 받아들이고 감사하며, 하늘이 준 선물로 여긴다. 자녀가 작은 재능이라도 보이면 호들갑을 떨고 큰 의미를 부여하며, 그 재능을 어떻게 보여 줄지 예의주시한다.

자존감 워크숍에서 '자신의 옹호자가 되라'고 말하면서 평상시 자신을 어떻게 대하는지 물어본다. 경쟁에서 살아남기 위해, 더 인정받기 위해 좀 더 강해지고 부지런해야 한다고 자신을 다그친 경우가 대부분이었다. 미흡한 영업 실적이 개선되지 않으면 자신을 가혹하게 부추기고 자책했던 영업인도 많았다. 작은 실수에도 민감해하고, 실망스러운 자신의 모습을 보기라도 하면 격려는커녕 자신을 원망하는 이도 있었다.

우리는 보통 부모에게서 따뜻한 옹호자의 모습을 발견한다. 자애로운 어머니는 자녀가 실수를 하더라도 "왜 그런 실수를 했니?" 하고 추궁하지 않는다. 어머니는 그런 일이 벌어진 이유가 진심으로 궁금해서 묻는다. 잘못을 추궁하려고 묻는 '왜'와는 분명히 다르다. 옹호자는 절대로 잘못을 추궁하지 않는다.

성인이라면 자존감은 자신만이 지킬 수 있다. 가끔 자존감 문제를 극복하고자 전문 심리상담사를 찾는 경우도 있지만, 결국 상담사가 해줄 수 있는 말은 '당신의 자존감은 당신 자신만이 건강하게 만들 수 있다'라는 것뿐이다. 그 이상을 기대하지 말라. 홀로 설 수 없다면 둘이 되어도 함께 설 수 없다.

생각해 보자. 실수를 했든 자랑스러운 성공을 거두었든, 그 정확한 원인을 가장 잘 아는 사람은 자기 자신이다. 그래서 가장 잘 위로할 수도 있고, 가장 뜨겁게 박수 쳐줄 수도 있다. 이른 아침 기대감에 부풀어 출근하고 성실하게 영업 현장을 누빈 것도 자신이고, 고객의 마음을 되돌리기 위해 노심초사했던 것도 자신이며, 영업이 잘되면 잘되는 대로 자만심에 빠지지 않고자 마음을 추스른 것도 자신이고, 안 되면 안 되는 대로 온갖 스트레스를 견뎌 낸 것도 자기 자신 아닌가. 따라서 자존감의 옹호자는 오롯이 자기 자신이 되어야 한다.

그렇다면 자신의 옹호자가 되기 위해서는 어떻게 해야 할까? 다음에 나오는 세 가지 방법을 실천해 보자.

- 지금까지 살아오면서 자신의 자존감에 가장 큰 상처를 입힌 사건을 떠올려 본다.
- 그 사건의 현장에 객관적인 자신(성인이 된 성숙한 자아)을 등장하게 한다.
- 그 사건을 경험했을 당시의 감정을 공감하면서 당시의 자신과 대화를 나눈다.

이때 4장에서 배운 '잘못된 신념에 반박하기'를 활용해도 좋다. 자신에게 용기를 주는 말을 중얼거려도 좋다. 무조건 당신 자신을 옹호하라. 주변에 당신 편이 아무도 없더라도 당신만 자기 편이면 된다.

자신에 대한 부정확한 언급을 거부하라

자존감이 건강하지 못한 사람의 평가에 너무 마음을 두지 마라. 그들의 평가는 대체로 오류가 많다. 자존감에 대한 강의를 할 때 가장 많이 받는 질문이 '비인격적인 고객이나 상사가 내 자존감에 상처를 입힐 때 어떻게 하면 내 자존감을 지킬 수 있는가'다. 이런 질문을 받으면 필자는 다음과 같이 조언한다.

우선 낮은 자존감을 가진 그 사람이 당신에게 중요한 영향력을 끼치는 사람인지 생각해 보세요. 중요한 고객이나 상사와 같은 사람이 아니라면 그 사람을 중요한 인간관계 명단에서 제외해 버리세요. 불가피하다면 최소한의 비즈니스 관계만 이어 가거나, 적당히 일을 그르치지 않을 정도로만 관계를 유지하면 됩니다. 한정된 에너지로 그런 사람들까지 필요 이상으로 챙길 필요는 없습니다.

그러나 만약 낮은 자존감을 가진 사람이 당신에게 중요한 사람이라면 단호한 태도로 대처해야 합니다. 당신의 자존감에 상처를 주는 그 행위를 거절하는 단호함 말입니다. 사실 그가 당신에 대해 갖는 인식이나 판단은 부정확한 정보나 데이터를 근거로 한 경우가 많습니다. 그리고 강의에서 들은 자기존중감, 자기효능감, 자기호감의 개념들을 자주 떠올릴 필요가 있습니다. 당신의 자존감을 지키기 위해 스스로 강력하게 대응해야 합니다.

생각 없이 말하는 사람의 모욕적인 언사에 화가 나지 않을 사람이 있을까? 그러나 곰곰이 생각해 보면 많은 경우 그들 말에는 받아들이기 어려운 억지가 담겨 있음을 알 수 있다. 특히 자신의 책임을 다하고도 그런 평가를 받는다면, 무례하고 오류투성이인 값싼 투정 정도로 치부해 버리기 바란다. 그런 말이 소중한 자존감을 짓밟게 놔두면 안 된다. 자신의 자존감을 뭉개려는 시도를 과감히 거부해야 한다.

영업 현장에서 경험하는 이런 부류의 비상식적 언행은 영업인의 자존감에 상처를 줄 수 있다. 그때는 자기 자신에게 이렇게 말해 주자. '저 고객은 나의 질 높은 영업 서비스를 받을 자격이 없다'고.

작은 충격에도 금이 가는 유리판 같은 자존감이 있는가 하면, 웬만한 충격에는 꿈적도 않는 산과 같은 자존감이 있다. 태산 같은 자존감을 지닌 사람은 다른 사람의 악의적인 자극을 현명하게 거절할 줄 안다.

자신을 옹호하는 것과 합리화하는 것은 구별할 필요가 있다. 어떤 실수를 했을 때 지나치게 자책하며 절망에 빠지는 상태를 예방하기 위해 자신을 옹호하고 다른 사람의 비난이나 깎아내림을 무시하는 태도는 필요하다. 그러나 자신의 실수를 남이나 상황 탓으로 돌린다면 발전할 수 있는 기회를 스스로 잃는 것이다. 자존감이 높은 사람은 자신의 실수를 깨끗이 인정하고 다음에는 실수하지 않을 방법을 찾는다. 자기효능감과 자기호감을 이때 발휘해야 한다.

다른 사람의 부정적인 평가에도 냉정할 필요가 있다. 어쩌면 당신보다 당신을 잘 아는 사람이 옆에서 당신을 지켜보는 사람일 수 있다. 직장 동료나 상사는 정확하게 당신의 문제를 꿰뚫어 볼 수 있다. 그런데 안타깝게도 이 사람들이 자존감이 낮거나 의사전달 능력이 부족해서 심한 말로 당신의 인격을 무시할 수 있다. 자존감이 높은 사람은 이런 경우에도 그 경험을 자기발전의 기회로 삼는다. 그들의 부정적 평가를 무조건 무시하기보다는 냉정하게 판단해서 자신의 부족함을 개선할 수 있는 기회로 삼아야 한다. 절망에 빠지지는 말되 발전 기회를 놓쳐서는 안 된다.

Chapter 5

21일간의 변화 연습

21일간 문장완성훈련으로 건강한 자존감을 위한 여정을 시작하라.

21일 동안 무엇을 할 것인가

성공학의 대가인 나폴레온 힐(Napoleon Hill)과 브라이언 트레이시 (Brian Tracy)는 새로운 습관이 몸에 배는 데 최소한 21일이 걸린다고 주장한다. 21일 동안 꾸준히 실천해야 새로운 습관이 몸에 익는다는 뜻 이다.

필자는 공군 장교로 군복무를 마쳤다. 장교 후보생으로 처음 훈련소 에 입소하면 21일간 강도 높은 적응 훈련을 받는다. 21일은 습관을 바꾸기 위한 최소한의 시간적 조건이기 때문이다. 담배를 즐기던 이들도 이 기간 동안은 금연해야 한다. 좋아하는 탄산음료도 입에 댈 수 없다. 하루도 예외 없이 매일 정확한 시간에 기상과 취침을 해야 한다. 21일 간 매일 일정량의 운동과 훈련을 소화한다.

21일 동안 훈련소에 있을 때는 언어를 가장 강하게 통제받는다. 후보생은 곧 장교로서의 역할을 수행해야 하기 때문에 개념, 역할, 원칙, 의사결정의 기준 등과 같이 다양한 내용을 암기해야 한다. 숙지 상태를 확인하는 질문을 하루에도 수십 번씩 받기도 한다. 어떤 상황에서도 내용을 말할 수 있어야 하기 때문에 수없이 중얼거리며 외웠던 기억이 있다. 머릿속에 담겨 있든 입 밖으로 내뱉든 언어 대부분은 철저히 통제받는다.

언어가 지니는 힘은 매우 강하다. 국민의 심리주치의로 잘 알려진 정신의학 전문의 우종민 교수는 이렇게 말한다.

> 뇌는 현실과 언어를 구별하는 능력이 없기 때문에 입으로 "짜증 나"를 반복하면 그 소리가 귀를 통해 뇌로 전달되고, 뇌는 '짜증이 나 있는데 왜 멀쩡한 척하느냐'면서 온몸에 불쾌한 스트레스를 쫙 뿌린다. 말버릇은 그야말로 버릇으로 출발하지만 버릇이 거듭되면 마음과 몸이 굳어버린다.

뇌는 논리적 사고력이나 이성보다 언어의 지배를 더욱 강하게 받는다. 몸과 정신을 철저히 바꾸려고 훈련 조교들은 언어를 집중적으로 통제한 것이다.

영업인은 자신에게 진정성이 담긴 긍정적인 언어를 반복적으로 들려주어야 한다. 그런 의미에서 필자는 '문장완성훈련'을 해볼 것을 제안한다. 자신에게 질문을 던지고 답을 한 후 일상에서 그 내용을 실천하는 방법으로 다음과 같이 빈 칸을 완성하면 된다.

내가 나 자신을 중요한 존재로 여긴다면 나는 오늘
_____을 실천할 것이다.

내가 나 자신을 능력 있는 존재로 여긴다면 나는 오늘
_____을 실천할 것이다.

내가 나 자신을 매력적인 존재로 여긴다면 나는 오늘
_____을 실천할 것이다.

망설이지 않고 바로 적어 내려가는 영업인도 물론 있을 것이다. 하지만 무엇을 써야 할지 망설이는 영업인도 있을 것이다. 다음은 필자가 진행했던 자존감 워크숍에 참가했던 사람들이 실제로 답했던 내용이다. 문장완성연습을 할 때 충분히 참고할 만하다. 각각의 답변에는 건강한 자존감이 주는 긍정적 에너지가 담겨 있다. 자기 자신에게서 새로운 가치와 의미를 발견하고, 다짐한 대로 살겠다는 의지가 느껴진다. 모두가 자기존중감, 자기효능감, 자기호감의 개념을 명확히 이해하고 작성한 내용이다.

내가 나 자신을 중요한 존재로 여긴다면 나는 오늘
• 출근해서 밝은 목소리로 인사할 것이다. • 다른 사람의 의견과 행동을 존중할 것이다. • 항상 자신 있는 목소리로 말할 것이다. • 나 자신에게 투자할 것이다. • 더 중요한 사람으로 발전하고자 노력할 것이다. • 아끼고 사랑하고 칭찬할 것이다. • 조직에 없어서는 안 될 사람으로 보이도록 행동할 것이다. • 중요한 결정을 내리기 위해 명상이나 집중으로 지혜를 얻을 것이다. • 욕을 먹어도 기분 나쁘지 않을 것이다. • 나 말고도 가족, 친구, 고객 등 다른 사람의 가치도 중요하게 생각할 것이다. • 대하기 어려운 사람에게도 내가 겪은 부당함에 대해 격식 있게 전달할 것이다

내가 나 자신을 능력 있는 존재로 여긴다면 나는 오늘

- 나의 능력을 주변 사람들에게 나눠 줄 것이다.
- 어렵고 힘든 일에도 나를 믿고 선뜻 나설 것이다.
- 능력에 안주하지 않고 한계를 찾을 때까지 노력할 것이다.
- 나 자신도 해보지 않아서 아직은 모르는 작업을 해볼 것이다.
- 피곤해도 시간을 활용해 자기계발에 매진할 것이다.
- 다른 사람의 우수한 능력도 인정하고 그것을 배울 것이다.
- 나의 선택, 판단, 결정에 대해 책임을 질 것이다.
- 다른 사람에게 영향력을 끼칠 수 있는 일을 찾을 것이다.
- 기반이 없는 상황에서도 실적을 이루어 낼 것이다.
- 일을 미루지 않을 것이다.
- 빠른 대처와 해결책으로 문제를 해결할 것이다.

내가 나 자신을 매력적인 존재로 여긴다면 나는 오늘

- 주변의 가족과 지인들도 나와 같이 매력적인 존재로 만들도록 노력할 것이다.
- 주위 모든 사람을 내 편으로 만들어 적을 두지 않을 것이다.
- 퇴근 후 회사 동료, 선배, 후배들과 여가 생활을 즐길 것이다.
- 나 자신의 매력을 무기 삼아 고객 상담을 성공시킬 것이다.
- 주위 사람들과의 대화에서 하고 싶은 이야기를 솔직 담백하게 전달할 것이다.
- 나의 또 다른 매력을 찾을 것이다.
- 다른 사람에게 적극적으로 다가가고 내 편으로 만들 것이다.
- 겸손하게 행동할 것이다.
- 나의 재능을 많이 나눌 것이다.
- 매력적인 다른 사람도 칭찬하고 닮고자 할 것이다.

문장완성훈련은 실행을 돕는 연습법으로서 임상적으로도 검증되었다. 주의할 점은 반드시 자신의 다짐을 잊지 않고 실천해야 한다는 것이다. 만약 건성으로 문장완성연습에 임한다면 며칠 지나지 않아 흐지부지할 것이고 자존감의 변화는 절대 경험할 수 없을 것이다. 다음은 자존감 워크숍과 21일 문장완성훈련을 마치고 경험한 사실을 적은 소감문이다. 작성자들의 동의를 얻어 소개한다.

소감문 1

우선 신입 직원을 대상으로 자존감 관련 교육 과정을 진행한다는 사실에 깊은 인상을 받았습니다. 자존감 교육만으로도 회사 구성원 개개인을 존중하고 있음을 느낄 수 있었고, 과연 어떤 내용의 교육일지 기대가 되었습니다. 기대 반 호기심 반으로 시작한 교육에서 오랜만에 '나'라는 개념을 접하게 되었습니다.

일을 하면서 '나'는 누구인지, 무엇을 하는지, 다른 사람과의 관계는 어떤지, 나아가 '나'의 개념이 조직에 미치는 영향을 깊게 생각해 본 적이 없었는데, 워크숍이 나는 왜 일을 하는가를 생각해 보는 계기가 되었습니다.

자존감은 뭔가 큰 고비가 있을 때 극복해 내는 엄청난 용기나 큰 성취감일 것으로 생각했는데, 인생의 기본적 도전을 감당할 능력이고, 행복할 가치가 있다고 확신하는 믿음이라는 정의가 조금 충격적이었습니다. 요즘 흔히 말하는 소확행(작지만 확실한 행복)을 실천하고, 어떤 마음가짐을 갖느냐에 따라 나의 자존감이 높아질 수 있다는 생각에 이미 자존감이 높아지는 것 같았습니다. 자존감 수업 중 직장 생활에서 자존감이 어떻게 적용될 수 있는지에 대한 부분이 가장 인상적이었습니다.

항상 좌충우돌하고, 불만만 가득했던 직장 생활의 원인이 한 번도 돌보지 않았던 나의 자존감 때문이었다는 사실을 깨닫게 된 소중한 시간이었습니다. 또한 자존감을 향상시키는 문장완성훈련 과제는 새로운 회사에서의 시작을 희망과 긍정으로 만들어 주었습니다. 매일 아침 세 가지 긍정의 문장을 반복하다 보니 나도 모르게 매사에 긍정의 마음으로 임하고 있는 나 자신을 발견하고 흠칫 놀랐습니다. 별것 아닌 세 가지 문장일 뿐인데 말의 힘이 대단함을 체감한 3주였습니다.

과제 실천 기간 종료 후에도 계속해서 나 자신은 중요한 존재이고, 능력이 있으며, 매력적인 존재라는 것을 매일 상기한다면 교육 때 세운 커리어 목표를 빠른 시간 안에 달성할 수 있을 것이라는 확신이 들었습니다. 자존감 수업은 지금까지의 어떤 교육보다 앞으로의 직장 생활뿐 아니라 인생을 살아가는 자양분이 된 소중한 시간이었습니다.

소감문 2

자존감 워크숍은 신선한 충격이었습니다. 참석하면서 가장 놀라웠던 점은 회사에서 직원들을 위해 자존감 교육을 해준다는 사실이었습니다. 살아오면서 학교에서든 회사에서든 자존감을 교육받은 적이 없었기 때문입니다. 관련 서적은 읽어 보았지만 이렇게 깊이 있게 자존감을 생각해 본 적이 없었기 때문에 아주 새로운 경험이었습니다. 자존감은 사회생활을 할 때 가장 필수적인 요소지만 많은 직장인들이 놓치고 생활하는 부분이기에 제 자신을 스스로 돌아볼 수 있는 시간이었으며, 자존감뿐만 아니라 자신감도 회복할 수 있는 시간이었습니다.

회사 업무를 하면서 자존감이 미치는 영향이 크다는 사실에 놀랐습니다. 자존감은 모든 행동의 근원이며, 직장 생활뿐 아니라 가정, 인간관계 등에 다양하게 영향을 미치고 있다는 사실에 깊이 공감했습니다. 진단을 통해 현재 나의 자존감 상태를 알게 되었고, 너무 외부만 보지 말고 나에 대해 집중하자, 나 자신에 대해 우호적인 옹호자가 되고 동시에 나 자신의 선택과 행동에 책임을 지는 사람이 되자고 다짐했습니다. 모든 직원 혹은 희망하는 직원에게도 기회가 주어지면 좋겠다는 생각을 했습니다.

많은 사람들이 회사에 처음 들어오면 새로 맡게 되는 업무가 본인 생각과 달라 자존감이 낮아질 수 있고, 일하다 보면 자존감을 의식조차 못하는데, 특히 신입 직원들에게는 더욱 필요하다는 생각을 했습니다. 그리고 주기적으로 자존감 워크숍을 진행한다면 자존감의 상처도 회복할 수 있지 않을까 생각해 보았습니다. 좋은 기회를 주셔서 다시 한 번 깊이 감사드립니다.

소감문 3

처음에는 워크숍 과제라는 이유로 시작해서 나 자신에게 크게 변화가 있을지 기대하지 않았습니다. 첫날을 제외하고 항상 출퇴근길에 메모장에 주어진 문장을 완성하면서 매일매일 해보니 나 자신을 많이 되돌아보게 되었습니다. 부정적인 내 모습도 긍정적으로 생각하게 되고 자신감도 얻었습니다. 아울러 과제를 실천하면서 성취감까지 느끼게 되었습니다. 작은 메모로 시작해서 나 자신에게 긍정이라는 영향이 크게 다가와 하루하루 기분도 좋아지고 일도 즐기는 내 모습을 발견했습니다. 과제로만 그치지 않고 평소에도 제가 작게 느껴지고 지칠 때 문장완성법을 실천할 겁니다.

소감문 4

자존감을 높이기 위해 명상하는 시간을 가졌습니다. '할 수 있다'고 되뇌며 긍정적인 사고방식을 갖고자 노력했습니다. 회사 선배들과 고객들을 만날 때도 급한 성격을 보이지 않으려고 천천히 느긋한 마음으로 다가갔습니다. 그로 인해 선배들에게 좀더 나아졌다는 평을 받게 되었고, 좀 더 프로다워졌다고 칭찬을 받았습니다. 칭찬을 받고 스스로 자신감을 가지니 매사에 일이 조금 더 재미있어지고 앞으로도 초심을 잃지 않고 이 모습을 유지해야겠다는 다짐을 하게 되었습니다.

매일 아침 출근하기 전에 오늘 하루 힘내자는 마음으로 나 자신과 세 가지씩 이야기를 나누고 출근했습니다. 첫 주에는 '이게 무슨 짓이지?' 하는 마음이었다면, 둘째 주에는 친숙하게 이야기를 나누었고, 셋째 주에는 안 하면 하루가 힘이 안 날 것 같은 그런 기분이었습니다. 매일 출근하기 전에 문장완성법을 활용함으로써 그날 하루 당당하게 일을 배울 수 있게 되었고, 주변 사람들이나 고객들과도 웃으면서 대화할 수 있게 되었습니다. 이제는 다른 문장을 매일 완성하면서 계속 실천할 예정이며, 나 자신이 부끄러운 사람이 아니고 어디서나 어떤 일이든 할 수 있는 사람이라는 사실을 잊지 않겠습니다.

자존감 회복을 위한 실천 방법

영업인에게 슬럼프는 친구와도 같다. 결코 반가운 친구가 아니지만 잠시라도 긴장을 늦추면 어느새 곁에 와 있는 존재다. 아무리 전설적인 영업의 고수라 해도 이 슬럼프의 터널을 한 번도 겪지 않은 행운아는 없다. 영업 고수들에게 어떻게 슬럼프를 극복했느냐고 물으면 대체적으로 다음과 같이 대답한다.

"초심(初心)을 떠올린다."

"영업이 가장 잘되었던 성공의 기억을 떠올리면서 힌트를 찾는다."

"과거 슬럼프를 탈출했던 기억을 더듬어 본다."

이렇듯 자신의 경험에 비추어 각자만의 슬럼프 탈출 비결을 갖고 있지만, 필자에게는 그런 비결들이 모두 똑같은 말로 들렸다. 바로 '상처받은 자신의 자존감을 다시 챙겼다'고 말이다. 어쩌면 지금 이 순간도 슬럼프라는 터널을 빠져나올 방법을 고민하고 있을 영업인들에게 간곡히 하고 싶은 조언은 '이제 본격적으로 자신의 자존감을 챙겨야 한다'는 것이며, '자신의 옹호자로서 스스로를 따뜻하게 격려하라'는 것이다. 그것도 일정 기간 이상 꾸준히 해야 한다. 반드시 기억해야 할 점은 무능한 영업인은 없다는 사실이다. 다만 상처받은 자존감을 가진 영업인이 있을 뿐이다. 자존감을 회복하기 위한 구체적인 실천 방법은 다음과 같다.

- 21일간 문장완성훈련을 할 일정한 시간과 장소를 정한다.
- 매일 10분 이상 충분한 시간을 확보하고 하루도 빠짐없이 실시한다. 출근 시간 등 심리적으로 쫓길 수 있는 시간은 적당하지 않다.
- 자존감의 개념을 생각하면서 당일 꼭 실천할 것을 적어 문장을 완성한다.
- 완성된 문장을 세 번 이상 읽고 실천한다.

건강한 자존감과 함께 황홀한 춤을 추라

춤추라, 아무도 보고 있지 않은 것처럼

사랑하라, 한 번도 상처받지 않은 것처럼

노래하라, 아무도 듣고 있지 않은 것처럼

일하라, 돈이 필요하지 않은 것처럼

살라, 오늘이 마지막인 것처럼

- 알프레드 디 수자(Alfred D. souza)

주변 사람을 불필요하게 의식하면 잃는 것이 의외로 많다. 아마 가장 큰 손해는 몰입과 집중을 빼앗기는 것이 아닐까? 신명 나게 춤을 추고 싶지만 자신의 서툰 몸짓이 웃음거리가 될까 봐 애써 마음속 흥을 억누른다. 과거 실연과 상처 때문에 새롭게 다가오는 사랑을 놓치기도 한다.

처음 영업 현장에 나섰을 때 떨림과 설렘을 든든히 붙잡고 있던 것은 어떤 두려움도 이겨 내리라 다짐하는 넘실대던 자존감이었을 것이다. 마치 오늘이 인생의 마지막 날인 것처럼 열정으로 고객을 만나던 그 힘도 자신감과 자기확신으로 단단히 뭉쳐진 자존감이었을 것이다.

영업은 자존감의 힘으로 가능할 수 있다. 영업인은 자존감을 둘러업고 고객을 향하고, 자존감을 옆에 앉혀 두고 고객과 상담하며, 고객과 헤어지고도 그 자존감을 봉투에 접어 보낸다. 자존감은 영업인에게 절친한 친구인 셈이다.

마치 돈이 필요하지 않은 사람처럼 진심과 애정을 담아 일하는 사람은 순수하게 도와주고 싶다. 그의 진정성이 느껴질 때는 오래오래 같이 지내고 싶은 감정을 숨길 수 없다. 영업 고수들은 하나같이 그런 이웃이자 파트너로 고객의 곁을 지켜 왔다. 오히려 고객이 '저렇게 하고도 뭘 남길 수 있을까?' 하고 염려할 정도다. 영업 고수들은 항상 자신을 주듯 영업을 한다. 이 책은 영업 고수들이 그렇게 영업을 할 수 있는 심리적 토대를 다루었다.

건강한 자존감은 사람을 아름답게 만든다. 산같이 든든한 자존감은 영업인을 매력적으로 보이게 한다. 자존감을 지닌 영업인은 이타적 가치를 당당히 나누는 아름다운 휴머니스트이자, 고객의 마음을 사로잡는 자신감의 화신이기도 하다. 몇 마디만 나눠도 끌리는 힘에 매료될 수밖에 없는 매력의 소유자다.

혹시 이 책을 읽으면서 자신의 자존감이 건강하지 못하다고 생각되어 답답함과 괴로움을 느꼈는가? 그럴 것 없다. 현재의 자존감을 정확히 파악하는 일은 그 자존감을 건강하게 만드는 일의 시작일 뿐 그 이상의 의미는 없다. 건강하지 못했다면 더 챙기고, 많은 상처가 있었다면 조금 더 보듬어 주면 된다. 물론 시간은 걸리겠지만 말이다.

다만 자신의 자존감 상태를 살필 때 잊어서는 안 될 것이 있다. '솔직함'이다. 자신을 가장하지 말자. 변명할 것도 없다. 굳이 타인을 원망할 것도 없다. 무엇 때문이라고 핑계 댈 것도 없다. 미흡하면 미흡한 대로 우선 자존감의 거울 앞에 서보자. 그리고 이렇게 말해보자.

"지금까지 참 애썼다. 지금까지 고생이 많았어."

"그런데 가만 보니 나란 사람 참 괜찮구나. 쾌활하고 재치가 넘쳐. 봐! 사람들이 날 얼마나 좋아하는지. 정말 매력적이야!"

"난 주변 사람들 생각을 본능적으로 읽어. 그들에게 배려를 잘하는 편안한 성격, 정말 최고야!"

자신에게 하는 칭찬은 이 세상에서 오직 당신만이 받을 수 있는 찬사다. 다름 아닌 자기 자신에게서 말이다. 그 찬사를 진심을 다해 가슴으로 받아들이고 음미해 보라. 가슴에 손을 얹고 자신을 환하게 격려해주라. 자존감은 이렇게 말할 것이다.

"비교가 불가한 세상에서 유일한 당신!"

"지금까지 삶의 어려움을 이겨 온 능력 있는 당신!"

"세상에서 가장 아름다운 매력을 가진 당신!"

그러니 나를 잘 모르는 주변 사람들의 이야기를 비판 없이 모두 수용하지 말자. '늘 나만 이렇게 불행해. 난 왜 이리 박복할까?' 하며 환경에 굴복하지도 말자. 지금의 슬럼프가 끝나지 않을 것 같다고 비관하지도 말자.

마치 혼자 있는 것처럼 춤을 추고, 한 번도 상처받지 않은 것처럼 내 일을 사랑하라. 당신의 건강한 자존감이 그 아름다운 춤의 파트너가 되어 줄 것이다. 오늘도 참으로 멋진 자신만의 춤을 추는, 마치 돈이 필요 없는 부자처럼 일하는, 포기를 모르고 도전하는 모든 영업인에게 뜨거운 응원의 박수를 보낸다.

감사의 글

이 책을 쓸 수 있도록 소중한 도움을 주신 분들께 깊은 감사의 마음을 전합니다. 먼저 이 책의 추천사를 써 주신 경희대학교 임규남 교수님과 제게 자존감의 개념을 소개해 주신 비콘코리아컨설팅의 양찬우 상무님께 감사드립니다. 아울러 책을 쓰도록 용기를 북돋아 주신 전북대학교 봉현철 교수님, 주사랑교회 최정도 목사님께도 깊은 감사를 드립니다.

또한 건강한 자존감과 고귀한 인내로 영업인의 귀감이 되어 준 존경스러운 영업 고수님들께도 감사의 마음을 전합니다. 이분들은 흔쾌히 자신의 소중한 노하우와 신념을 나눠 주셨습니다. 이 책의 여러 사례와 경험들은 이분들의 따뜻한 도움 덕분입니다. 선택과 집중이라는 효율적 영업의 의미를 알려 주신 강미숙 님, 전설적인 실적과 고매한 인격으로 영업인의 인생 모델인 김정기 님, 지지 않는 영업과 진심 영업이 무엇인지 알려 주신 김정원 님, 고객과 파트너십을 맺고 윈윈하는 관계를 어떻게 만들지 알려 주신 박성환 님, 고객에게 마음을 전하는 상세한 노하우를 나눠 주신 박충서 님, 어떻게 충성고객을 만들고 신뢰의 관계를 이어 갈지 알려 주신 신옥녀 님, 주눅 들지 않고 당당한 영업의 철학을 알게 해주신 이동초 님, 영업인의 자존감이 무엇인지 알게 해주신 윤미애 님, 무한한 창의력과 상상력으로 고객의 마음을 얻는 노하우를 나눠 주신 허시훈 님 정말 감사합니다.

마지막으로 필자가 건강한 자존감과 신체를 갖도록 해주신 부모님, 제 허물과 성장을 묵묵히 받아 주고 응원해 준 아내 윤인경과 아들 찬혁, 딸 서연이에게 진심 어린 감사를 전합니다. 무엇보다 유일무이한 존재로 나를 만드시고 한 순간도 빠짐없이 뜨거운 사랑과 격려를 주시는 하나님께도 깊은 사랑과 감사를 올립니다.

부록

자존감 워크숍 워크시트

자존감 워크숍 워크시트

1. 나 자신과 만나기

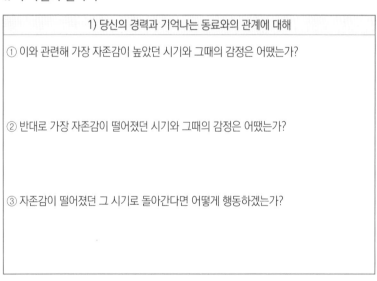

1) 당신의 경력과 기억나는 동료와의 관계에 대해
① 이와 관련해 가장 자존감이 높았던 시기와 그때의 감정은 어땠는가?
② 반대로 가장 자존감이 떨어졌던 시기와 그때의 감정은 어땠는가?
③ 자존감이 떨어졌던 그 시기로 돌아간다면 어떻게 행동하겠는가?

2) 당신의 가족과 이성 교제의 기억에 대해

① 이와 관련해 가장 자존감이 높았던 시기와 그때의 감정은 어땠는가?

② 반대로 가장 자존감이 떨어졌던 시기와 그때의 감정은 어땠는가?

③ 자존감이 떨어졌던 그 시기로 돌아간다면 어떻게 행동하겠는가?

3) 당신의 가치관에 대해

① 당신이 중요하게 생각하는 좌우명이나 신념은 무엇인가?

② 왜 그런 가치관을 선택하게 되었는가?

③ 그 가치관에 충실하게 행동했던 경험과 그것을 소홀히 여겼던 경험이 있는가?

2. 나의 생의 자존감 곡선 그리기

3. 나의 가치 키워드(예시)

1. 행복	14. 재미와 즐거움	27. 책임감
2. 평안	15. 열정	28. 이해와 포용력
3. 평등	16. 인류 평화	29. 인내
4. 정의	17. 보람과 성취감	30. 솔직과 진실
5. 가족의 행복	18. 자연을 사랑하는 마음	31. 신념과 용기
6. 상상력과 창의성	19. 애국심	32. 배려
7. 자유	20. 희망	33. 분별력
8. 공평한 기회 주기	21. 사명감	34. 예술적 가치
9. 이성과의 완전한 사랑	22. 종교를 통한 마음의 안정	35. 성공과 업적
10. 지혜(슬기)	23. 진실한 우정	36. 자기 능력의 발휘
11. 건강	24. 남들로부터의 존경과 인정	37. 도덕(윤리)
12. 소속감	25. 물질적 풍요	38. 자신에 대한 통제력
13. 독립성	26. 삶의 여유	

① 내가 추구하는 최고의 가치는 무엇인가?

② 최고의 가치를 실현할 때 나의 일은 누구에게 도움이 되는가?

③ 그 도움은 구체적으로 무엇인가?

④ 가치 실현이 나에게 어떤 의미가 있는가?

그래서 나의 일은＿＿＿＿＿＿＿＿＿＿＿＿＿＿＿을 위해 나에게 정말 소중하다.

4. 목적의식과 목표

일을 통해 나의 꿈이 이루어진 모습을 상상해 보라. 과연 어떤 모습일지 사진의 한 장면처럼 구체적으로 묘사해 보자.
①
②
③

5. 미래 모습 작성하기

6. 목표 달성을 위한 실천 사항

꿈을 이루기 위해 내일부터 바로 실천할 수 있는 일은 무엇인가?
①
②
③

7. 21일 문장완성훈련

3주간 문장완성법을 통해 매일 10분씩(　:　~　:　) 나 자신과 이야기를 나눌 것이다. 그리고 그날 가장 빠른 시간 안에 실천할 것이다.
내가 나 자신을 중요한 존재로 여긴다면 무엇을 할 것인가?
내가 나 자신을 능력 있는 존재로 여긴다면 무엇을 할 것인가?
내가 나 자신을 매력적인 존재로 여긴다면 무엇을 할 것인가?

| 참고문헌 |

· 강희선, 『고객 만족 끝장내기』, 영진미디어

· 김성희, 『리더를 위한 인문학』, 북스톤

· 나다니엘 브랜든, 『자존감의 여섯 기둥』, 교양인

· 대니얼 코일, 『탤런트 코드』, 웅진지식하우스

· 댄 애리얼리, 『상식 밖의 경제학』, 청림출판

· 도널드 클리프턴 외, 『위대한 나의 발견 강점 혁명』, 청림출판

· 마틴 셀리그만, 『긍정심리학』, 물푸레

· 빅터 프랭클, 『죽음의 수용소에서』, 청아출판사

· 스티븐 코비, 『성공하는 사람의 7가지 습관』, 김영사

· 오리 브래프먼 외, 『클릭』, 리더스북

· 오정환, 『세일즈 멘토링』, 호이테북스

· 오정환, 『영업, 질문으로 승부하라』, 호이테북스

· 장승규, 『한국의 영업왕 열전』, 살림Biz

· 주선희, 『얼굴 경영』, 동아일보사

· 최환규, 『쉬운 세일즈』, 순정아이북스

· 토니 고든, 『보험왕 토니 고든의 세일즈 노트』, 경향미디어

· 프랭크 베트커, 『실패에서 성공으로』 씨앗을 뿌리는 사람

· 한국세일즈코치협회, 『신뢰를 파는 것이 세일즈다』, 호이테북스

· 황농문, 『몰입』. 알에이치코리아

- E. 델가이조 외, 『하이 퍼포먼스 세일즈』, 호이테북스
- 유향, 『유향의 전국책』, 인간사랑
- 이동민, 『탈무드』, 인디북
- 이성엽, 어웨이크너, 그린라이트
- 서메리, 브런치 「회사 체질이 아니라서요」 연재기사
- 이수미, 「자동차 영업 사원의 영업 역량이 성과에 미치는 영향」, 한양대학교 석

  사논문

세일즈 자존감

초판 1쇄 인쇄일 2019년 11월 10일
초판 1쇄 발행일 2019년 11월 15일

지은이 | 강정범
펴낸이 | 김진성
펴낸곳 | 호이테북스

편   집 | 박부연, 정소연
디자인 | 이은하
관   리 | 정보해

출판등록 | 2005년 2월 21일 제2016-000006
주   소 | 경기도 수원시 장안구 팔달로237번길 37, 303호(영화동)
대표전화 | 031) 323-4421
팩   스 | 031) 323-7753
홈페이지 | www.heute.co.kr
전자우편 | kjs9653@hotmail.com

값 15,000원
ISBN 978-89-93132-67-0 13320